Schulgottesdienste mit Religionsunterricht praktisch

Entwürfe und Modelle für Grundschule und Sonderschule (Klasse 1–4)

– Band 1 –

Herausgegeben
von Hans Freudenberg

Erarbeitet von:
Anita Backhaus, Gudrun Baie, Joachim Bulla, Erni Burchardt, Gerhard Finger, Sabine Freudenberg, Inge Hofmann, Brigitte Käseborn, Dörte Kalies, Irene Kampmann, Jutta Karrasch, Eleonore Köster, Hilde Korthaus, Siegfried Krüger, Bärbel Kuhlmann, Martina Langner, Heike Lohmann, Inge Pfeifer, Ulrike Pinnow, Ernst Polte, Peter Rasmus, Barbara Schauwecker, Hildegard Schmitz, Juliane Schumacher, Ingrid Sommer, Erika Springer, Ingrid Stadtsholte, Jutta Stinshoff, Beate Voges, Helga Westerholz
Graphik: Siegfried Krüger und Mike Fischer

Vandenhoeck & Ruprecht

Die Deutsche Bibliothek – CIP Einheitsaufnahme

Schulgottesdienste mit Religionsunterricht praktisch: Entwürfe und Modelle für Grundschule und Sonderschule (Klasse 1–4) / hrsg. von Hans Freudenberg. – Göttingen: Vandenhoeck und Ruprecht
NE: Freudenberg, Hans [Hrsg.]
Bd. 1. Erarb. von: Anita Backhaus ... – 1994
ISBN 3-525-61337-7
NE: Backhaus, Anita

Satz: Text & Form, Pohle
Druck und Bindearbeiten: Hubert & Co., Göttingen

Inhalt

Vorwort

Schulgottesdienst ist – wie Schule, Kirche, Ehe – ein erfahrungsbesetzter Begriff.
Die einen begreifen ihn vorrangig als

- Störfall im Schulvormittag
- Relikt und Fremdkörper
- Beispiel gestörter Kommunikation zwischen Schule und Kirche
- Sprach- und Vermittlungsproblem
- zusätzliche Belastung für Lehrer/innen mit unverhältnismäßigem Vorbereitungsaufwand.

Andere sehen Schulgottesdienst – trotz mancher Fragen und Vorbehalte – auch als

- unverzichtbaren Teil des Schullebens in der als Lern- *und* Lebensraum definierten Schule
- Ort des Feierns, der Besinnung und Verdichtung
- Forum der Gemeinschaft und der Begegnung
- Möglichkeit der Vernetzung von Lebenserfahrung und Glaubensbewegung
- Chance fruchtbarer „Nachbarschaft von Schule und Gemeinde, von Pädagogik und Theologie" (H.B. Kaufmann)
- Ruhebank und Oase.

Was für die/den einzelne(n) Schulgottesdienst bedeutet, hat auch zu tun mit dem jeweiligen (Vor-)Verständnis von

- Schule und Lernen
- Menschsein und Leben
- Erziehung und Bildung
- Glauben und Religion.

Die nachstehenden Entwürfe sind der Ertrag einer ökumenischen Werkstattseminarreihe zum Thema „Schulgottesdienst" mit Lehrer/innen (L.) und Pfarrer/innen (P.). Sie wurden durch Modelle ergänzt, die in ihrer Grundform in einem Arbeitskreis zur Vorbereitung von Tauf- und Familiengottesdiensten in Unna-Königsborn entstanden sind. Die Korrelation von theologischen Intentionen und pädagogischen Wegen war in allen Entwürfen leitende Zielvorstellung.

Allen, die planend, erprobend und kritisch begleitend zum Entstehen von "Schulgottesdienste mit Religionsunterricht praktisch" beigetragen haben, sage ich herzlich Dank. Dieser Dank schließt auch die Kinder ein, die durch ihre Bilder die graphische Gestaltung bereichert haben.

In unserem eigenen Verständnis von Schulgottesdienst, wie es sich auch in den folgenden Modellen niederschlägt, waren und sind uns folgende Momente wichtig:

a) methodisch:
- Verknüpfen von Schule/Religionsunterricht und Schulgottesdienst
- Kinder als Subjekte und Adressaten
- Handlungsorientierung und tätige Teilnahme
- Ganzheitlichkeit
- Kreativität
- Beteiligung möglichst vieler Schüler/innen (Sch.)
- Einbeziehung (wo möglich) ausländischer Schüler/innen

b) inhaltlich:
- Spiritualität und Festlichkeit
- biblische Mitte
- Gemeinschaft
- Verbindung von Schulgottesdienst und Alltags-/Schul-/Lebenssituationen
- ökumenische Offenheit.

Alle Gottesdienstentwürfe sind in der vorgelegten oder in modifizierter Form durchgeführt und dabei gesammelte Erfahrungen wieder in die Modelle eingearbeitet worden.

Was übernehmbar ist oder wo stärkere Eingriffe in die Vorlagen angezeigt sind, entscheidet sich aufgrund der jeweiligen örtlichen Möglichkeiten und Gegebenheiten.

Die Entwürfe wollen und können keine Fertigrezepte liefern; sie sind an vielen Stellen bewußt offen und unvollständig gehalten. „Verkündigung" und Fürbitten sind solche Elemente im Gottesdienst, die eigentlich nur „vor Ort" situations- und adressatenspezifisch ausgefüllt werden können. Sie finden darum in den Modellen hier oft nur Stichworte und Hinweise.

Auch an anderen Stellen sind die Modelle offen für kritisch-kreative Veränderungen. Sie laden z.B. ein

- zum Kürzen und Erweitern
- zum Umstellen und Einbeziehen anderer Medien und Vermittlungsformen.

Auch in dieser Beziehung versteht sich der vorliegende Titel als Arbeitsbuch, „Steinbruch" und Baustein-Sammlung.

Häufig werden zu ein- und demselben Thema mehrere Alternativen angeboten, die von unterschiedlichen Gruppen und Ansätzen her erarbeitet wurden. Kombinationen verschiedener Elemente sind an vielen Stellen denkbar.

Die ausgearbeiteten Modelle folgen einem wiederkehrenden Anlageprinzip:

- Kurzinhalt
- Thematisches Stichwort
- Biblischer Bezug
- Zentrale Idee
- Bezug zum Unterricht
- Technische Vorarbeiten
- Verlaufsplanung (z.T. mit Varianten und Alternativen)
- ggf. Anlagen.

Häufiger wird auf „Religionsunterricht praktisch. Unterrichtsentwürfe und Arbeitshilfen für die Grundschule", 1.–4. Schuljahr, Vandenhoeck & Ruprecht, Göttingen – 4. Aufl. 1994, Bezug genommen. Solche Hinweise haben nicht nur Entlastungs- und Verweisfunktion, sondern sollen vor allem die Verknüpfung von vorbereitendem bzw. nachbereitendem RU und Schulgottesdienst ins Bewußtsein rücken (s. z.B. S. 36f, 42).

Wir wünschen uns Leser/innen, die

- mit dem Angeregten freundlich, aber nicht unkritisch umgehen,
- sich in ihrer vielfältigen Beanspruchung in Schule und Gemeinde entlasten lassen,
- sich (neu) motiviert fühlen, es mit dem Schulgottesdienst (noch einmal) zu versuchen,
- entdecken, wie lebendig und farbig Schulgottesdienste sein können, die nicht von einem/einer, sondern von ganz vielen (Schüler/innen, Lehrer/innen, Pfarrer/innen) verantwortet werden,
- sich zu eigener Planung mit eigenem Stil und situativem Ansatz anregen lassen.

Schulgottesdienste, meint Hartmut Rupp, sind wie Lebkuchen:

„Lebkuchen wurde einst von frommen Mönchen und Nonnen in Klosterküchen gebacken und in ihren Apotheken dargeboten. Da die Brüder und Schwestern keine Tabletten kannten, vermengten sie heilende Kräuter und Säfte unter einen Teig und backten einen wohlschmeckenden Arzneikuchen. Dieser Kuchen sollte gut schmecken und dazu beitragen, daß Menschen wieder heil und lebensfroh werden.

Schulgottesdienste sind mit einem solchen Lebkuchen zu vergleichen. Sie werden von frommen Menschen gebacken und sollen allen, die davon essen, gut tun. Sie sollen gut schmecken, Freude machen, trösten, Wunden heilen und für das Leben stärken.

Damit der Heil- und Arzneikuchen gelingt, kommt es darauf an, die richtigen Zutaten zu wählen und die Zubereitung sorgsam durchzuführen. Darüber sollte man aber nicht vergessen, zu bedenken, wann der Lebkuchen angezeigt ist und welche Heilerfolge er haben kann."

(aus: P. Musall, Hg., Leben feiern, Religiöse Gemeinschaft mit Kindern. [Reihe „8–13"], Burckhardthaus-Laetare, Offenbach 1992, S. 44)

Aus Kostengründen konnten nicht alle Lieder abgedruckt werden. Im laufenden Text finden sich entsprechende Hinweise auf leicht zugängliche Quellen:

- Religionsunterricht praktisch, Bd. 1–4
- Schwerter Liederbuch (Bestellanschrift: Verlag BDKJ, Domplatz 3, 33098 Paderborn; Preis: brosch. 15,- DM, kart. 18,- DM)
- Evangelisches Kirchengesangbuch (EKG) bzw. Evangelisches Gesangbuch (EG)

Wenn Sie mit uns Kontakt aufnehmen wollen, so erbitten wir Ihre Zuschrift an folgende Adresse:

Ev. Kirchenkreis Unna – Schulreferat –
Mozartstraße 18-20
59423 Unna

Hans Freudenberg

I. Einführung

1. Eindrücke aus Schulgottesdiensten

Lehrer/innen in städtischen und ländlichen Grundschulen im östlichen Ruhrgebiet haben im Schuljahr 1993/94 Kinder ihre Eindrücke und Beobachtungen zu Schulgottesdiensten aufschreiben lassen. Die Ergebnisse sind subjektive Momentaufnahmen ohne repräsentativen Anspruch.

Dennoch fällt auf, daß die 122 Stimmen aus sechs Grundschulen bestimmte Aspekte immer wieder ansprechen, Beobachtungen, die doch einige allgemeinere Schlußfolgerungen erlauben.

Die Anmerkungen der Kinder lassen sich im einzelnen zu folgenden Stichworten zusammenstellen:

a) Singen und Musizieren
b) Spielen – Sprechen – Lesen
c) Handlungsorientierung und Emotionalität
d) Gemeinschaft

Zu a: Singen und Musizieren

Viele positive Voten beziehen sich auf das Thema „Singen – Musizieren“:

„Ich finde es gut, wenn wir Lieder singen“ (Regina, 9 Jahre) – „Ich finde es gut, wenn wir Lieder singen, bei denen man klatschen kann“ (Steffi, 9 Jahre) – „... wenn wir etwas singen, und ich kann das Lied sehr gut“ (Jessica, 9 Jahre) – „... daß wir besondere Lieder singen, die wir vorher geübt haben“ (Barbara, 10 Jahre).

Die zustimmende Einschätzung begegnet auch dort, wo *andere* Kinder musizieren oder in unterschiedlicher Form daran beteiligt sind:

„Ich finde es schön, wenn wir Lieder singen, wo die 4. Klasse dabei flötet“ (Bernd, 9 Jahre) – „... wo das 1. Schuljahr gesungen hat“ (Jennifer, 9 Jahre).

Singen und Musizieren im Schulgottesdienst stehen bei Kindern offensichtlich deshalb hoch im Kurs, weil sie

- Gemeinschaft stiften und ausdrücken,
- als überzeugende Form eigener Aktivität erlebt werden,
- Emotionen Ausdruck verleihen und Empfindungen transportieren.

Zu b: Spielen – Sprechen – Lesen

Kaum weniger beliebt als musikalische Aktivitäten sind

- Theater spielen
- Texte lesen
- Gedichte aufsagen
- Fürbitten verlesen.

„Ich finde am Schulgottesdienst gut, daß wir bei den Vorbereitungen helfen dürfen“ (Barbara, 10 Jahre). „Mir gefällt es, wenn die Kinder aus dem 4. Schuljahr etwas vorspielen“ (Sebastian, 9 Jahre) – „... wenn ein anderes Schuljahr etwas vorspielt“ (Jessica, 9 Jahre). – 12 von 19 befragten Kinder eines

4. Schuljahres empfinden (Theater)Spielen als besonderen Höhepunkt im Schulgottesdienst. Viele Schüler/innen nennen entsprechend als Wunsch an künftige Schulgottesdienste, „daß wir ein Theaterstück vorführen" (Regina, 10 Jahre).

Stichworte zum Thema „Lesen" und „Gedichte": „Ich finde es gut, wenn wir lesen" (Benjamin, 10 Jahre). – „Ich finde es gut, wenn wir Gedichte lernen" (Wibke, 10 Jahre). – „Ich fand auch noch ganz toll, daß die 2. Schuljahre ein Gedicht aufgesagt haben" (Kristoff, 10 Jahre) – „Die Geschichten waren gut. Es war einfach toll für mich" (René, 9 Jahre) – Sven, 9 Jahre, bietet an: „Ich könnte mit Daniel ein Gedicht aufsagen."

Christian, 9 Jahre, findet zum Stichwort „Fürbitten" erwähnenswert: „Ich habe schon ein paarmal eine Fürbitte vorgesagt."

Weitere Aktivitäten und Beteiligungsformen: „Ich fand es schön, als eine Klasse etwas vorgetanzt hat, und gut finde ich, wenn wir alles mit Blumen schmücken" (Judith, 10 Jahre).

Spielen – Sprechen – Lesen stoßen bei Kindern im Grundschulalter auf Sympathie, weil

- Kinder eigene Gaben und Aktivitäten in den Gottesdienst einbringen können,
- sie Identifikation mit dem erlauben, was Gleichaltrige „ins Spiel bringen",
- abwechslungsreiche Aktions- und Vermittlungsformen erlebt werden,
- Parallelen zu Vertrautem aus dem Unterricht wiederzuerkennen sind.

Zu c: Handlungsorientierung und Emotionalität

Besondere Aufmerksamkeit ziehen vor allem die Teile des Gottesdienstes mit emotionalen und handlungsorientierten Momenten auf sich.

So schreiben Schüler/innen z.B. unter dem Eindruck des Gottesdienstes „Tragt in die Häuser ein Licht" (Nr. 11):

„Die Kinder aus dem Schulkindergarten hatten ein Papphaus gebastelt. Das Haus hatte Fenster aus Transparentpapier. Dahinter kamen angezündete Teelichter. Das soll bedeuten, daß Jesus geboren wird. Wir sollen die Dunkelheit hell machen" (Christian, 10 Jahre) – „Mir hat besonders gefallen, wo wir das Licht ausgemacht haben und wo wir die Augen geschlossen haben ... Mir hat am besten gefallen das Haus mit den Lichtern innen" (Michael, 9 Jahre). – (Eindrücklich war), „... daß wir die Kerzen hinter die Fensterbank (gemeint ist die Leiste, auf der die Teelichter stehen) stellen durften und daß die Lichter hinter den Fenstern leuchteten" (Christina, 9 Jahre).

Daß Kinder sich und ihre Produkte gerne in den Schulgottesdienst einbringen wollen, belegen folgende Zitate:

„Ich finde es gut, wenn wir zu Geschichten Bilder malen" (Mirco, 10 Jahre, ähnlich Britta und Wibke aus derselben Klasse). – „Ich finde gut: Wenn ich in der Schule etwas gebastelt habe, das ich im Schulgottesdienst aufhänge" (Thomas, 9 Jahre). Jessica, 9 Jahre, hat Konkretes im Sinn: „Ich wünsche mir noch, daß alle drei Klassen etwas basteln, zum Beispiel einen Adventskranz oder Kerzen, die dann am Ende des Gottesdienstes ausgeteilt werden."

In einem erweiterten Sinne gehört hierher auch die Einschätzung, daß Schulgottesdienst seinen Sinn nicht in sich selbst trägt, sondern auch eine Außenwirkung haben kann/soll. In einem Adventsgottesdienst haben die Kinder eines 2. Schuljahres Spielzeug für Aussiedlerfamilien im nahegelegenen Durchgangswohnheim Unna-Massen gesammelt. Fast alle Kinder erwähnen in ihren Stellungnahmen diese Spielzeug-Aktion. Dazu zwei Stimmen:

„Ich fand es gut, daß einige Kinder ihre Spielsachen abgegeben haben" (Dominic, 10 Jahre). – „Die Kinder haben die Stofftiere und Spiele abgegeben, weil manche zuviel Spielzeug haben, und manche haben überhaupt kein Spielzeug. Es ist auch richtig, daß die Kinder etwas abgeben, weil manche sind geizig, und diese Kinder sind nicht geizig. Sie haben etwas abgegeben" (Nicole, 10 Jahre).

Zu d: Gemeinschaft

Dieser Aspekt wird von den Schüler/innen, die ihn einbringen, dreifach gefüllt:

- „Ich finde es gut, wenn wir beim Schulgottesdienst alle zusammen sind" (gemeint ist die ganze Schule) (Sarah, 10 Jahre) – „... daß die ganzen Klassen dann zusammenkommen" (Denise, 10 Jahre).
- „Ich finde es gut, wenn wir einen Gemeinschaftsgottesdienst machen für katholische und evangelische Kinder" (Christoph, 10 Jahre).
- „Ich finde es gut, daß die Eltern mit in die Kirche kommen" (Kai, 10 Jahre) – „... daß die Eltern sich auch beteiligen und mitmachen" (Christoph, 10 Jahre).

2. Was Kinder uns lehren können

Maria Montessori, die große Anwältin des Kindes in unserem Jahrhundert, hat Kinder einmal „unsere Lehrmeister" genannt und insbesondere den mit Erziehung Beauftragten ans Herz gelegt:

> „So müssen wir denn das Kind als schicksalhaft für unser Zukunftsleben ansehen. Wer immer für die menschliche Gesellschaft einen echten Vorteil erreichen will, der muß beim Kinde ansetzen ..., um das wirkliche Geheimnis unseres Lebens kennenzulernen. Von diesem Gesichtspunkt aus betrachtet, stellt sich die Gestalt des Kindes machtvoll und geheimnisreich dar, und wir müssen über sie nachsinnen, auf daß das Kind, welches das Geheimnis unserer Natur in sich birgt, unser Lehrmeister werde."
>
> *(Maria Montessori, Kinder sind anders. Il Segreto dell' Infanzia, bearb. v. Helene Helming, aus dem Ital. v. Percy Eckstein/Ulrich Weber, Klett-Cotta, Stuttgart, 13. Aufl. 1993, S. 289)*

Heute würden wir vielleicht einiges anders akzentuieren und formulieren; doch der Anspruch, die Dinge vorrangig mit und aus der Perspektive eines Kindes zu betrachten, bleibt gültig. Er hat seine Parallele in der Frage Jesu an seine Jünger:

> „Wer ist doch der Größte im Himmelreich? Jesus rief ein Kind zu sich und stellte es mitten unter sie und sprach: Wahrlich, ich sage euch: Wenn ihr nicht umkehrt und werdet wie die Kinder, so werdet ihr nicht ins Himmelreich kommen. Wer nun sich selbst erniedrigt und wird wie dies Kind, der ist der Größte im Himmelreich. Und wer ein solches Kind aufnimmt in meinem Namen, der nimmt mich auf."
>
> *(Mt 18,1–5; Luthertext von 1984)*

Wer möchte, daß Kinder sich im Schulgottesdienst wiedererkennen und ihn gern besuchen, wird als Lehrer/in oder Pfarrer/in bei dessen Planung und Gestaltung auf die Signale achten, die Kinder aussenden.

Die gewiß in mancher Beziehung noch mangelnde Artikulationsfähigkeit sollte gleichwohl auf die Zwischentöne und Wünsche der Schüler/innen achten lassen.

Auch aus Andeutungen und manchmal noch holprigen Formulierungen läßt sich durchaus herauslesen und -hören, was Kinder im Schulgottesdienst erwarten.

Kinder wollen im Schulgottesdienst

- selbst aktiv werden
- sich mit vielen/allen Sinnen ansprechen lassen
- Vielfalt und Variabilität erleben

- Gemeinschaft erfahren
- Gefühle ausdrücken können und angesprochen finden
- einerseits etwas begegnen, was sich von Alltag und Schule abhebt
- andererseits einen Zusammenhang zu Schule und Alltag entdecken können, auch hinsichtlich der methodischen Formen
- Raum für Spontaneität, Kreativität und Bewegung vorfinden.

3. Kleine Didaktik des Schulgottesdienstes

a) Fest und Alltag, feiern und arbeiten (lernen)

Aufgabe der Schule, zumal der Grundschule, ist zunächst einmal die Vermittlung von fachlicher und sozialer Kompetenz. Erwerb von Wissen und Aufbau von Urteilsfähigkeit, von Erfahrung und Disponierung zu autonomem, verantwortlichem Handeln bestimmen die Persönlichkeitsentfaltung nachhaltig.

Gleichwohl sind in der „Schule als Lebens- und Erfahrungsraum“ (Richtlinien NRW, 16) zur Personwerdung auch die Erfahrungen unerläßlich, die mit Fest und Feiern, mit Phantasie und ganzheitlichem Erleben zu tun haben und geeignet sind, kognitiv Erfaßtes erlebnishaft-affektiv zu verdichten.

In der Grundschule können zu Gestaltungsräumen dieser Fest- und Feierdimension und zu „Höhepunkten gemeinsamen Lernens und Lebens“ (Richtlinien NRW, 26) werden:

- Klassen-, Schul-, Sport- und Gemeindefeste,
- Feste im Rahmen des Religionsunterrichts (z.B. ein „Versöhnungsfest“ im Kontext von Gen 37ff oder Lk 15; ein „Lebensfest“ im Horizont von Jona 4),
- Schulgottesdienste als Feiern des Glaubens und der Begegnung mit dem menschenfreundlichen, erbarmenden Gott.

Selbstverständlich kann nicht jeden Tag ein „Fest“ inszeniert werden, lebt das Fest aus seinem Ausnahme- und Sondercharakter. Andererseits würde Schule, würden Schüler ohne gemeinschaft- und sinnstiftende Feste/Feiern/Schulgottesdienste verarmen und spirituell verdorren.

Leben lebt aus dem Wechsel von Arbeit und Ruhe, von Anspannung und Entspannung, von arbeiten/lernen und feiern – getreu dem alten monastischen Prinzip „ora et labora“ = „bete und arbeite“.

b) Wechselspiel von Alltagserfahrungen und Gottesdienst, von (gegenwärtigem) Leben und (überliefertem) Glauben

Was es im Schulgottesdienst zu feiern gibt, soll das Leben der Schüler mit all seinen beglückenden und bedrückenden Erfahrungen (Freude und Glück, Ängste, Verlust und Enttäuschungen) spiegeln, Erlebtes vor Gott zur Sprache bringen und in größere Sinnzusammenhänge stellen und auf den Grund aller Dinge hin transparent machen. Klagend und lobend, hörend und schweigend kann so erahnt werden, daß Leben nicht im Faß- und Machbaren aufgeht und daß Glaube und Leben sich gegenseitig durchdringen und bereichern. – „Das Leben soll aus dem Glauben heraus neu gelingen, der Glaube soll umgekehrt vom Leben heute her Relevanz erhalten. So können Glaube und Leben im Gottesdienst gefeiert und auf den lebenschaffenden Gott ausgerichtet werden" (H.-J. Frisch, Leitfaden Kinder- und Familiengottesdienst, Düsseldorf 1992, S. 63).

c) Ganzheitlichkeit des Lebens und Leibhaftigkeit des Glaubens

Nach dem Zeugnis des AT und NT wird der Mensch als *Einheit* von Leib, Seele und Geist gesehen. Leib, Seele und Geist sind nicht Teile, sondern *Aspekte* der einen ungeteilten Person:

Ich *bin* Leib: Ich habe Hunger, spüre Schmerzen, kann hören und riechen. Ich bin Leib, ohne darin aufzugehen.

Ich *bin* Seele: Ich kann wütend sein und mich freuen, kann fühlen und träumen. Ich bin Seele, ohne darin aufzugehen.

Ich *bin* Geist: Ich kann lesen und schreiben, denken und planen. Ich bin Geist, ohne darin aufzugehen.

Jeder Aspekt ist ein Blickwinkel, ist *eine* Tür zum Ganzen der Person. Nur in ihrer Gesamtheit zeichnen sie ein hinreichendes Bild des Menschen.

Einen vergleichbaren Gedanken vertritt die pädagogische Anthropologie, wenn sie mit H. Roth den Menschen „als Wesen der Hoffnung und der Angst, der Geburt und des Todes, der Liebe und des Kampfes, der Träume und der Wirklichkeit" (Pädagogische Anthropologie I, Hannover 1966, S. 141) begreift.

Für Pestalozzi hat ein solch ganzheitlicher Ansatz Konsequenzen für Schule und „Lernen" im weitesten Sinne. „Kopf, Herz und Hand" sind ihm die Grundkräfte, die alles menschliche Denken, Fühlen und Handeln bestimmen. In der Erziehung sollen sie „gemeinsam und in Übereinstimmung unter sich selbst angesprochen, belebt, beschäftigt und gestärkt werden" (J.H. Pestalozzi, Lienhard und Gertrud, in: ders., Sämtliche Werke, Bd. 6, Zürich 1960, S. 64f).

Der doppelt begründete Gedanke der Ganzheitlichkeit unter Beteiligung aller Sinne muß konsequenterweise auch im Gottesdienst, in der Feier des Glaubens, seinen Niederschlag finden. Die Sinnlichkeit und Leibhaftigkeit des Glaubens will hören und sehen, schmecken und riechen, schreiben und malen, träumen und imaginieren, Zeichen nachspüren und den Körper sprechen lassen. „Der Gottesdienst hat mit Sinnlichkeit zu tun, die Teilnahme an ihm mit sinnlicher Wahrnehmung" (E. Domay, in: ders., Arbeitsbuch Gottesdienst, Gütersloh 1990, S. 9).

Eine weitgehend „entsinnlichte Liturgie" ist abzulösen durch eine solche, die zu „symbolisch-ganzheitlichem Denken und Erleben" hinführt; denn die „Liturgie mit ihren Ritualen, Gesten, Bildern und Symbolen ist ... die Form der christlichen Gemeinde, das gespaltene Leben dadurch zu heilen, daß sie in ihrer Feier die erhoffte Ganzheit vorwegnimmt und für einen Moment anschaubar werden läßt für die an ihr Beteiligten" (D. Funke, Der halbierte Gott. Die Folgen der Spaltung und die Sehnsucht nach Ganzheit, München 1993, S. 97).

Die Konsequenzen eines ganzheitlichen Gottesdienstverständnisses beschreibt W. Longardt so:

„Wo wir Menschen etwas mit Leib und Seele tun, da macht es unser Zusammenleben reicher. Was mit ganzem Herzen getan wird, das kann ausstrahlen ... Unser Gottesdienstverständnis darf wieder vielschichtiger, kommunikativer, Leib und Seele umgreifender, eben ‚ganzheitlicher' werden ... Was wir mit ganzer Seele, mit ganzem Herzen, Mund und Händen verkündigen, wird Frucht bringen“ (W. Longardt, Gottesdienst feiern „Mit Herzen, Mund und Händen“, in: E. Dieterich/K. Stolzmann, Wachsen wie ein Baum. Neues vom Arbeitsfeld Kinderkirche, Stuttgart 1982, S. 142).

Ganzheitlichkeit und Leibhaftigkeit sind im schulischen wie im kirchlichen Bereich besonders da anzumahnen, wo Schüler einseitig (in der Regel einseitig kognitiv) in Anspruch genommen werden und ihnen so wichtige Erlebnisräume verschlossen bleiben.

d) Gemeinschaft erleben und einüben

Der Schulalltag teilt Schüler ein bzw. auf in/nach: Klassen und Klassenräume(n), Fächer(n) und Neigungsgruppen, Konfessionen und Gebäuden, Altersgruppen und Lerntempo.

Der Schulgottesdienst gibt (neben Schulfesten und gelegentlichen Projektwochen) Schülern verschiedener Klassen und Altersstufen Gelegenheit zur Begegnung und stiftet vielfältige Möglichkeiten, miteinander Erlebnisse und Vorbereitungen, Gefühle und Äußerungen des Glaubens und des Zweifels zu teilen und einander mitzuteilen.

Johannes faßt dieses Miteinander in das Bild vom „Weinstock und den Reben“ (Joh 15), Paulus in das des „Körpers“, der aus vielen unterschiedlichen „Gliedern“ besteht (1.Kor 12).

Gemeinschaft stellt sich nicht von selbst ein, sondern ist ein Prozeß, der der phantasievollen und geduldigen Einübung bedarf.

Gemeinschaft lebt von einer gemeinsamen Mitte und vom lebendigen Austausch. Möglichst viele, unterschiedliche Begabungen und Lerngruppen sind in diesen Austausch im Sinne eines „partizipativen Mitvollzugs“ (O. Betz, Fest und Ritual, in: W. Böcker u.a., Hg., Handbuch Religiöser Erziehung, Bd. 1, Düsseldorf 1987, S. 280) einzubeziehen. Solch „partizipativer Mitvollzug“ wird sowohl in der Vorbereitung wie in der konkreten Durchführung des Schulgottesdienstes seine Früchte tragen und einer passiven Zuschauer- und lustlosen Konsumentenhaltung entgegenwirken.

e) Schulgottesdienst als Oase und Tankstelle

„Oase“ läßt an Garten und Ausruhen denken, an Wasser und Leben, an Schatten und Fülle, an Begegnung am Brunnen (= Mitte).

„Oase“ steht im übertragenen Sinne für auftanken, willkommen sein, Schutz, Ort des Durchgangs, sich für einen neuen Aufbruch rüsten, durchatmen ...

Der Schulgottesdienst kann – idealtypisch – zur „Oase“ und „Tankstelle“ werden, zum Ort, wo Schüler

- willkommen sind
- zur Ruhe kommen
- Neuigkeiten und Erlebnisse austauschen
- eine belebende Quelle finden
- Vergewisserung erfahren
- den „Geschenkcharakter des Alltäglichen“ (W. Wessel) entdecken
- die „Stimme der Stille“ (Geheimnis der Schöpfung und des Lebens) und die „stillen Stimmen“ (H. Halverscheid), fremde Not, eigenes Gewissen, Zeugen des Glaubens ... – vernehmen – die Stimmen, die im Alltag der Schule leicht übertönt werden:

„Ich habe die Wüste immer geliebt. Man setzt sich auf eine Sanddüne. Man sieht nichts. Man hört nichts. Und währenddessen strahlt etwas in der Stille.

‚Es macht die Wüste schön', sagte der kleine Prinz, ‚daß sie irgendwo einen Brunnen birgt.'

Ich war überrascht, dieses geheimnisvolle Leuchten des Sandes plötzlich zu verstehen. Als ich ein kleiner Knabe war, wohnte ich in einem alten Haus, und die Sage erzählte, daß darin ein Schatz versteckt sei. Gewiß, es hat ihn nie jemand zu entdecken vermocht, vielleicht hat ihn auch nie jemand gesucht. Aber er verzauberte dieses ganze Haus. Mein Haus barg ein Geheimnis auf dem Grunde seines Herzens ...

‚Ja', sagte ich zum kleinen Prinzen, ‚ob es sich um das Haus, um die Sterne oder um die Wüste handelt, was ihre Schönheit ausmacht, ist unsichtbar!'"

(A. de Saint-Exupéry, Der kleine Prinz, Karl Rauch, Düsseldorf 1984, S. 56f)

Vielleicht können im Schulgottesdienst solche Schätze „gehoben" werden, die das ganze Lebenshaus bestimmen und verschönern.

Der Schulgottesdienst trägt in sich jedenfalls die Chance, als Oase, Tankstelle und Freiraum neues Leben für den einzelnen Schüler und für das Miteinander in der Schule zu begründen.

Neues Leben, das im umgreifenden Angenommensein durch Gott wurzelt, kann Gestalt gewinnen als

- Sensibilität
- Hoffnung und Lebensmut
- Selbstbejahung
- Nächstenliebe.

f) Ganzheitlichkeit

Alle Sinne, der ganze Mensch mit Verstand, Herz und Gefühl, sind Bezugspunkt der Feier des Glaubens. Je ganzheitlicher sich diese vollzieht, umso intensiver können Kinder die Geheimnisse von Gottes Reich erfassen.

g) Biblische Mitte

Biblische Texte lassen sich nicht als „Problemlöser" instrumentalisieren. Sie sind vielmehr auf die in ihnen aufbewahrten (Grund)Erfahrungen und Identifikationsmöglichkeiten hin zu befragen.

Welche Perspektiven und Ermutigungen, welchen tragenden Sinn bieten sie mir an?

Inwiefern machen sie meine Sicht(weise) reicher, größer, zuversichtlicher?

Was spielen sie mir zu, was ich mir selber nicht sagen kann?

h) Kindgemäßheit

Wer mit Jesus (Mk 10,13ff) Kinder ernst nimmt, muß sich auch die didaktischen Konsequenzen im Blick auf den Schulgottesdienst vor Augen führen:

- Schulgottesdienste sind keine Vor- und Diminutivformen des sonntäglichen Predigtgottesdienstes, sondern eigenständige Gottesdienstformen mit Kindern als Subjekten.
- In Sprache wie in Aktions- und Vermittlungsformen berücksichtigen

Schulgottesdienste die spezifischen Möglichkeiten und Bedürfnisse von Kindern.
- Dazu gehören auch die Durchsichtigkeit der (möglichst dialogischen) Struktur, die Erkennbarkeit eines „roten Fadens“ und die Beschränkung auf *ein(en)* Gedanken/Aspekt/Bild.

i) Tätige Teilnahme

Der Schulgottesdienst kann in dem Maße überzeugend werden und Religion „erlebbar“ machen, wie möglichst viele/alle Gottesdienstbesucher aktiv in die Vorbereitung und Gestaltung einbezogen werden und sich auf diese Weise mit der Sache des Gottesdienstes identifizieren können.

Tätige Teilnahme in der *Vorbereitung* kann bestehen in:

- Thema ermitteln
- Spiel, Tanz etc. vorbereiten
- Bilder/Kulissen/Puppen/Kostüme anfertigen
- Lieder auswählen
- Gebete formulieren
- Instrumentalbegleitung (Flöten/Orff ...) vorbereiten
- Mitbringen von Alltagsgegenständen (z.B. Stein)

Tätige Teilnahme in der *Gestaltung* des Gottesdienstes kann bedeuten:

- Texte lesen, Gebete sprechen
- Spiel
- Musik
- Malen
- Gestik/Körpersprache

Zum Ernstnehmen der Kinder gehört auch, daß deren Beteiligung am Schulgottesdienst inhaltlicher, nicht taktischer Natur ist.

j) Gemeinschaft

Gemeinschaft kann am überzeugendsten durch gemeinsames Tun (→ Tätige Teilnahme) und die Orientierung auf eine verbindende Mitte erfahren und eingeübt werden.

k) Liturgie

Da der Schulgottesdienst nicht der pädagogische Schleichweg zum Erwachsenengottesdienst ist, kann dessen Liturgie auch nicht das Maß der Schulgottesdienst-Liturgie sein. Dieser verlangt vielmehr nach einer eigenen, die Prinzipien der Kindgemäßheit, der Anschaulichkeit, der Kreativität und Überschaubarkeit berücksichtigenden Form.

Viel spricht für eine „offene“ Form mit wechselnden, abwechslungsreichen Elementen und Überraschungsmomenten.

Andererseits verleiht ein mehr oder weniger festes „Ritual“ mit immer wiederkehrenden (und wiedererkennbaren) Formen und Elementen (z.B. Grundgerüst mit Eingangs-, Haupt- und Sendungsteil, Gebete, Lieder..) dem Schulgottesdienst Verläßlichkeit und den Schülern Sicherheit.

l) Verbindung von Schulgottesdienst und Alltag

Das kann – neben den aus dem Gottesdienst gewonnenen Impulsen und Handlungsanweisungen – zweierlei bedeuten:

a) *Erinnerungsgeschenk:* Die Schüler/innen erhalten am Ende des Gottesdienstes ein kleines Geschenk von mehr immateriellem Wert, das in einem inneren Zusammenhang zum Thema des Gottesdienstes steht und der eigenen Erinnerung dient (z.B. Bild, Gebet, Geschichte, Kompaß ...) und ggf. in die Religionsmappe eingefügt wird oder an dritte weitergegeben wird (z.B. Kerze, Blume ...).

b) *Zentrale Symbole* werden aus dem Schulgottesdienst in die Schule mitgenommen und dort für eine gewisse Zeit in der Pausenhalle/im Klassenraum aufgehängt und ggf. ergänzt, z.B.

- der „*Schutzmantelchristus*“ aus Modell 3 („Alle Kinder dieser Erde“),
- der Swimmy-Fisch aus Entwurf 1 („Einander brauchen“).

4. Anforderungen an die Vorbereitung und Durchführung von Schulgottesdiensten

Aus den vorhergehenden Überlegungen lassen sich einige grundsätzliche Konsequenzen für die Planung und Gestaltung von Schulgottesdiensten ableiten, wobei die Grenzen zwischen formalen und inhaltlichen Prinzipien gelegentlich fließend sind.

a) Häufigkeit

Schulgottesdienste sind, wenn man sie ernst nimmt und gewissenhaft vorbereitet, zeit- und arbeitsintensiv. Wer sich und andere nicht heillos überfordern will, ist gut beraten, wenn er/sie lieber wenige gut und phantasievoll geplante als wöchentliche mittelmäßige Gottesdienste durchführt.

b) Absprache

Absprache meint nicht nur die Verständigung zwischen den Agierenden aus Schule (Lehrer/innen) und Kirche (Pfarrer/in, Organist/in, Küster/in), sondern auch die langfristige thematische Abstimmung zwischen RU, Schulgottesdienst und Kindergottesdienst. Nur so läßt sich ein mit Reibungsverlusten verbundenes „didaktisches Gedränge“ vermeiden.

Absprache schließt auch die Berücksichtigung gleicher didaktischer und methodischer Standards im Raum der Schule und Kirche ein.

c) Atmosphäre

Für eine freundliche, einladende Atmosphäre, die Gottes Liebe und Freundlichkeit spiegelt, können bedeutsam werden:

- Sitzordnung (die Zentrierung von Stühlen o.ä. um eine Mitte ist ungleich kommunikativer als das Sitzen in Bänken)
- Schmücken des Gottesdienstraumes/Altars mit
  ... Blumen
  ... Kerze(n)
  ... einem Symbol (Wurzel o.ä.)
  ... farbigen Tüchern
- der Stille Raum geben – Hektik fernhalten.

Kirchenräume haben häufig eine besondere Atmosphäre, schränken aber durch starre Bestuhlung oft aber auch die Aktionsmöglichkeiten ein. Die Wahl des Raumes muß im Sinne der Güterabwägung von den gottesdienstlichen Intentionen abhängig gemacht werden.

d) Verbindung zur Schule und zum Alltag

Was im Schulgottesdienst „dran" ist, ergibt sich nicht nur aus thematischen (RU) oder (kirchen)jahreszeitlichen Gegebenheiten, sondern auch aus der Lebenssituation und dem Alltag der Schüler/innen. Was sie bewegt, was sie freut und was ihnen Angst macht, muß hier thematisiert und im Sinne der Vernetzung von Leben und Glaube im Horizont der biblischen Botschaft gedeutet und ausgeleuchtet werden.

Die „Verbindung" zwischen Schulgottesdienst und Schule schließt aber auch den Grundsatz ein, daß letztlich jeder Schulgottesdienst aus dem Unterricht bzw. RU erwachsen und dort wieder einmünden soll.

5. Aktions- und Vermittlungsformen

Aktions- und Vermittlungsformen sind nicht Selbstzweck, sondern haben eine vermittelnde, aufschließende, letztlich jedoch dienende Funktion. Mit ihrer Hilfe sollen Schüler für die Botschaft der Bibel/das Thema/den Gegenstand aufgeschlossen und soll umgekehrt die Geschichte/das Thema/der Gegenstand Schülern zugänglich gemacht werden.

Welche Form der Vermittlung gewählt wird, ist themen- und gegenstandsabhängig, aber auch durch den jeweiligen didaktischen Ort innerhalb des Gottesdienstes bestimmt. Erschließung bedingt in der Regel eine andere Aktions- und Vermittlungsform als die Vertiefung.

Die Aktions- und Vermittlungsformen sind so vielfältig wie das Leben selbst. Dieser Variantenreichtum sollte auch für den Schulgottesdienst fruchtbar gemacht werden. Doch auch hier gilt, was Paulus für andere Zusammenhänge zu bedenken gibt: „Alles ist mir erlaubt, aber nicht alles dient zum Guten" (1.Kor 6,12). Mal wird man einzelne Schüler oder eine Schülergruppe im Schulgottesdienst agieren lassen (z.B. im Rollenspiel oder bei der Liedbegleitung mit Orffschen Instrumenten), mal die gesamte Gottesdienstgemeinde beteiligen und aktivieren (z.B. Körpergeräusche oder Spiellied oder ein Netz knüpfen).

Die methodischen Möglichkeiten sind nicht isoliert zu sehen; vielmehr bietet sich häufig auch eine Kombination mehrerer Methoden an, z.B.

- Erzählung + Orff (z.B. Die Entwicklung des Senfkorns im Entwurf 2 „Vom Senfkorn lernen") oder
- Stilleübung in Verbindung mit dem Bildwort vom Weizenkorn (Joh 12,24).

a) Spielen

Der Schulgottesdienst kann auf vielfältige Weise zum kreativen Spiel-Raum werden, der Zuschauer und Zuhörer ganzheitlich in die Interaktion des Spiels einbezieht und Identifikation mit der Spielhandlung provoziert. „Das Spiel", schreibt R. Dirx, „ist ein Teil unseres Lebens. In der Frühzeit hatte es seinen festen Platz im Alltag wie im Gottesdienst. Als es diesen Sinnzusammenhang verlor, erstanden ihm mancherlei Gegner" (R. Dirx, Das Buch vom Spiel, Gelnhausen 1981, S. 13).

Das Spektrum des Handlungs- und Ausdruckselements „Spiel" reicht von einer kurzen, schnell einübbaren Sprech- oder Leseszene bis hin zum ausgeführten und in mehrwöchiger Vorbereitung einstudierten szenischen Spiel (z.B. Krippenspiel).

Mit folgenden Formen wurden im Schulgottesdienst gute Erfahrungen gesammelt:

- Sprech- oder Leseszenen (Beispiel: „Unter Gottes weitem Schirm")
- Rollenspiel (Beispiel: Darbietung von Mk 10,13ff in dem Entwurf „Alle Kinder dieser Erde")

- Pantomime
- Bewegungsspiel
- Schattenspiel
- Anspiel (zur Predigt)
- Puppenspiel (Rondellenpuppen/Flachpuppen etc.) (Beispiel: „Alle Kinder dieser Erde“)
- Spiellied (z.B. „Du hast uns deine Welt geschenkt“, s. Religionsunterricht praktisch 1, S. 148; vgl. auch S. 100) oder Singspiel (s. Religionsunterricht praktisch 1, S. 59; Nikolaus, oder Religionsunterricht praktisch 4, 2. Aufl., S. 52ff: Noah)
- Spiel auf dem Tageslichtprojektor
- Szenisches Spiel

b) Bewegung

„Bewegung“ im kultischen Bereich läßt an „Prozession“, an „Kniefall“ und „Bekreuzigen“ denken, und an fromme Juden an der Klagemauer in Jerusalem: Sie verbinden ihr Gebet mit rhythmischen Verbeugungen, um ihrem Gotteslob mit allen Fasern, d.h. ganzheitlich, Ausdruck zu verleihen. Mittelalterliche Kirchen waren „Wegkirchen“, die „begangen“ wurden (vgl. die Formulierung: „ein Fest begehen“!).

Bewegung entspricht einem natürlichen Bedürfnis von Kindern. „Bewegung“ als Attribut des Glaubens steht für Ganzheitlichkeit, für Mobilität und „unter-wegs“ sein.

Im Schulgottesdienst kann „Bewegung“ fruchtbar gemacht werden als:

- Körper- und Gebärdensprache (Beispiel: Vaterunser, s. Religionsunterricht praktisch 3, S. 150f)
- Menschenkarawane (Beispiel: Abrahams Auszug aus Ur)
- Lichterprozession (Beispiel: Entwurf „Licht auf unserem Weg“)
- Tanz/Meditativer Tanz (Beispiele: Religionsunterricht praktisch 2, S. 99, S. 105, S. 112ff und Bd. 4, 2. Aufl. S. 75).

c) Symbole

Symbole verbinden zwei Wirklichkeiten oder Dimensionen miteinander: Vordergründiges und Hintergründiges, Sichtbares und Unsichtbares, Profanes und Heiliges. Symbole haben Verweischarakter. Der „Tisch“ ist nicht nur ein Möbelstück einer bestimmten Größe und Beschaffenheit, sondern auch Mitte eines Hauses und Ort des Austauschs und der Kommunikation. Der Gegenstand „Tisch“ verweist also auf etwas Tieferliegendes, hier auf Gemeinschaft (im weiteren Sinne auch auf die Gemeinschaft im Abendmahl!).

Symbole vergegenwärtigen als Sinnzeichen des Glaubens die in direkter Sprache unsagbare Wirklichkeit hinter den Dingen. Das Weizenkorn, das vergehen muß, damit neues Leben werden kann, re-präsentiert, ver-gegenwärtigt Tod und Auferstehung Christi.

Symbole als „Gottes Fußspuren in unserer Welt“, wie das Mittelalter formulierte, offenbaren die Mehrdimensionalität des Lebens und der Welt.

Eine der Symboldidaktik verpflichtete Religionspädagogik wird Symbole nicht nur beim „Glauben-Lernen“ (im RU), sondern auch beim „Glauben-Feiern“ (H.-J. Frisch, Fachdidaktik Religion, S. 140) einbeziehen.

Im Schulgottesdienst werden sich vor allem solche Symbole bewähren,

die die Kriterien der Ganzheitlichkeit, der Korrelation und Mehrdimensionalität erfüllen. In diesem Sinne können für einen Schulgottesdienst folgende Symbole geeignet sein:
- Blume
- Hand
- Nuß
- Stein
- Senf(Weizen)korn
- Licht
- Weg
- Baum
- Haus
- Apfel(kern)
- Brot
- Muschel
- Wasser.

d) Symbolhandlungen

Symbol- oder Zeichenhandlungen ordnen Symbole in einen mehr oder weniger komplexen Handlungsablauf ein:

- Ein *Netz* aus vielen Fäden *knüpfen* und darin das Verwobensein miteinander und die Tragfähigkeit von Gemeinschaft entdecken.
- Im Gottesdienstmodell „Ein Kreuz wird zum Lebensbaum" (Bd. 2, Nr. 1) wird ein *„toter Baum"* durch Blüten und grüne Zweige *„zum Leben erweckt"*.
- Ein *Mobile* mit Namen und Köpfen der Gottesdienstbesucher (s. Entwurf „Wie ein Mobile ...", Bd. 2, Nr. 5) symbolisiert die Zusammengehörigkeit und Verbundenheit der Christen in der Gemeinde.
- *Anfassen beim Vaterunser* (= Zeichen der Gemeinschaft) kann ebenso zeichenhafte Handlung sein wie der *Hände- oder Segenskreis.*

e) Bilder

Seit langem haben Bilder im Schulgottesdienst einen unstrittigen Platz. Dafür gibt es – auf dem Hintergrund einer reichen kirchlichen Bildtradition – Bilder als Mittel visueller Verkündigung – überzeugende Gründe. Bilder

- deuten und verdichten mit künstlerischen Mitteln die Botschaft der Bibel
- sind anschaulich
- machen Tiefendimensionen der Welt und des Glaubens sichtbar
- (kon)zentrieren die Aufmerksamkeit auf eine gemeinsame Mitte.

Die Wirkung von Bildern im Gottesdienst wird nicht nur von ihrer didaktischen Qualität (Mehrdimensionalität, Offenheit, Hintergründigkeit, Altersgemäßheit ...), sondern auch von ihrer Größe (Mindestformat: Größe der Zacharias-Bilder, ca. 65 cm x 90 cm) und Ausleuchtung (ggf. das Bild mit dem TP anstrahlen!) bestimmt.

Aus der Fülle der Bildsorten seien hier als für die „Sehschule des Glaubens" (G. Stachel) geeignet und im Schulgottesdienst einsetzbar genannt:

- Hungertuch (z.B. Peru 1979: „Speisung der Fünftausend“ oder Indien „Biblische Frauengestalten – Wegweiser zum Reich Gottes“)
- Wandbild / Plakat
- Einzeldia / Diaserie
- Selbstgemalte Bilder / Hungertücher
- Folie
- Handbild.

f) Singen und Musizieren

Auch musikalische Elemente bedürfen im Blick auf den Schulgottesdienst keiner Legitimation. Einem Schulgottesdienst z.B. ohne Gesang würde ein wesentliches erlebnismäßiges, aktivierendes, Gemeinschaft stiftendes Element fehlen. Singen und Musizieren spricht menschliche Tiefenschichten an, die für die Gestaltung des Glaubens bedeutsam sind. „Wer singt, betet doppelt“, sagt Augustin.

Auch hier ist bei den Akteuren ein Wechsel zwischen einzelnen Sängern/ Musikanten, einer Gruppe (Flöten, Orff, Gitarre) und der Gesamtgemeinde vorzusehen.

Abwechslung ist auch bei der Auswahl des Liedgutes angezeigt (traditionelles Kirchenlied *und* neue geistliche Lieder).

Musikalische Möglichkeiten:

- Singen
- Musikgruppe
- Körpergeräusche (klatschen, schnalzen, stampfen)
- Spiellied (s.o.)
- Stimmungslage (z.B. der verlorene Sohn in der Fremde) oder Wachstum des Senfkorns verklanglichen
- Geräusche vom Tonband einspielen (z.B. Wasser).

6. Themenfindung

Schulgottesdienste beziehen ihre Themen/Gegenstände aus unterschiedlichen Bereichen:

- Sie orientieren sich an Festen des *Kirchenjahres* (Advent, Weihnachten, Passion, Ostern ...). – Vgl. z.B. Entwurf Nr. 10: „Licht auf unserem Weg“.
- Sie spüren Themen und Personen der *Bibel* nach (z.B. Abraham, Jona, Jesus, Schöpfung, Gleichnisse). – Vgl. Entwurf Nr. 2: „Vom Senfkorn lernen“.
- Sie thematisieren Ereignisse und Nahtstellen des *Schuljahres* (z.B. Einschulung, Beginn oder Ende des Schuljahres, Schulentlassung, Projektwoche ...). – Vgl. Entwurf: „Sei mit uns auf unseren Wegen“ (Bd. 2, Nr. 13).
- Sie reflektieren *Lebenssituationen und Alltagserfahrungen* der Kinder (z.B. Traurig sein – getröstet werden – Sonnenstrahlen sammeln – Wenn einer behindert ist ...). – Vgl. Entwurf Nr. 6: „Menschen brauchen nicht nur Brot.

Ein Wechsel zwischen den einzelnen Bereichen im Jahreskreis ist wünschenswert.

7. Struktur

Liturgie soll die Feier des Gottesdienstes nicht korsettartig einengen, sondern im Sinne eines Rahmens erkennbar strukturieren und Sicherheit im Mitvollzug begünstigen (s. Nr. 3: „Kleine Didaktik des Schulgottesdienstes" – k): „Liturgie"). Dies gelingt am überzeugendsten durch eine variantenreiche Mischform aus innovativen und stets wiederkehrenden Elementen. Konstitutive Bausteine sind dabei u.a.:

- Lieder und Musik
- Gebet, Fürbitte und Vaterunser
- Verkündigung
- Segen.

Sicherheit resultiert nicht nur aus der Berücksichtigung bekannter und vertrauter Elemente, sondern auch aus deren Verknüpfung zu einem mehr oder weniger ritualartigen Grundgerüst, das folgende Struktur aufweisen kann:

Grundstrukturen von Schulgottesdiensten in der Grundschule

Phase	Mögliche Inhalte	Theol.-didaktische Funktion	Raum für eigene Planungen/Notizen
I. Eröffnen	Vorspiel	Ankommen – zur Ruhe kommen	
	Lied	Gemeinschaft stiften – auf Raum/Zeit/Thema/ (Kirchenjahres)Zeit einstimmen	
	Begrüßung	Willkommen heißen – Verbindung zum Alltag der Kinder und zum Thema herstellen (ggf. Hinweise zum Bild auf dem Gottesdienstprogramm, zu mitgebrachten Gegenständen ...)	
	Gebet – Psalmgebet	Was uns beschäftigt – Worüber wir froh sind	
	Lied	Abschluß von I – Überleitung zu II; thematische Orientierung	

II. Hinführen	(An)Spiel/Spiellied/ Pantomime o.ä. oder (Biblische) Erzählung oder Umweltgeschichte oder Alltagssituation der Kinder oder Bildbetrachtung oder Symbolhandlung/ Aktion oder ...	Was Kinder bewegt/ Was heute „dran" ist: das Thema/das Problem/der Gegenstand
	Lied	
III. Hören (Sehen)	Kurzansprache	Antwort auf II. im Sinne einer Deutung/ Ermutigung/Vergewisserung/Handlungsanweisung
	Kurzpredigt oder Erzählpredigt oder Predigtgespräch oder ... unter Bezug auf – eine biblische Geschichte oder – ein biographisches Beispiel oder – eine Legende oder ... ggf. in Verbindung mit – einem Bild – einem Symbol – einer Symbolhandlung/Aktion und deren Deutung	
IV. Antworten	Lied	Liturgische Verdichtung/Bündelung von III.
	(Aktion) Fürbitten	Wünsche für andere und uns selbst in

		möglichst kindgerechter, authentischer Sprache
	Vaterunser	Hauptgebet der Christenheit, ggf. auch gesungen oder getanzt (vgl. Religionsunterricht praktisch 3, S. 180f)
V. Segnen und Senden (verabschieden)	Segen/Segenslied/ Segenskreis	Segen = sichtbares Zeichen des mitgehenden Gottes und der Verpflichtung, selbst zum Segen für andere zu werden
	Lied zum Abschluß Musikalisches Nachspiel	Dank und Impuls für den Alltag
	Erinnerungsgeschenk	Die Erinnerungshilfe soll einen möglichst zentralen Aspekt des Erlebten über den Tag hinaus lebendig halten.

Andere liturgische Grundmodelle sind so aufgebaut:

- Zusammenkommen und beten
- Hören und antworten
- Feiern
- Bitten und segnen

(nach: Beratungsstelle für Gestaltung, Hg., Liturgie im Kindergottesdienst in der Evangelischen Kirche in Hessen und Nassau)

oder

- Zusammenkommen und eröffnen
- Sich Gott zuwenden und ihn anrufen
- Verkündigen und hören
- Antworten und bekennen
- Beten und bitten
- Feiern und essen
- Senden und segnen

(nach: M. Decker, Hg., Mit Kindern Gottesdienst feiern. Arbeitshilfe zur Liturgie im Kindergottesdienst. Nürnberg 1988, S. 14. – Das Schema folgt der Ordnung für den Ev. Kindergottesdienst in Bayern)

8. Checkliste zur Planung und Gestaltung von Schulgottesdiensten

Themenfindung

- Unter welchem *Thema* soll der Gottesdienst stehen?
- Welche *zentrale Idee* soll ihn leiten?
- Welche *biblische Geschichte/Figur* ... soll im Mittelpunkt stehen?
- Welcher *Anlaß* liegt zugrunde (Fest des Kirchenjahres/Ereignis im Schuljahr/Lehrplanthema RU/besonderes Ereignis im Leben der Kinder)?

Planung

- Wieviel *Zeit* steht (für Vorbereitung und Durchführung) zur Verfügung?
- Wie soll der Gottesdienst *aufgebaut* sein?
- Wie kann die *Verschränkung* von *Lebenssituation* und biblischer Tradition überzeugend inszeniert werden?
- Wie und wo können *Schüler/innen beteiligt* werden?
- Wie können die Prinzipien der *Ganzheitlichkeit* und *Handlungsorientierung* Beachtung finden?
- Wie können *Innovation* und die Erfordernisse von Wiedererkennbarkeit *(Kontinuität)* in eine gute Balance gebracht werden?
- Welcher *Vorbereitungen* bedarf die Themenwahl *im Unterricht?*

Vermittlungsformen

Welche Vermittlungsformen sind in besonderer Weise geeignet, das Thema/Problem/den Text ... für die Schüler aufzuschließen/zu verdichten?
- Spiel
- Bild oder andere Medien
- Körpersprache/Tanz/Gestik
- Symbol/Symbolhandlung ...

Absprachen

sind frühzeitig zu treffen mit
- Gemeindepfarrer(n)
- Küster
- Organist/in (ggf. unter dessen/deren Leitung Lieder vor dem Gottesdienst in der Kirche mit der Orgel einüben)
- ggf. anderen Fachlehrern (Musik/Kunst/Sport)
- ggf. Eltern

Zuständigkeiten

- Wer übernimmt Planung und Koordinierung?
- Wer kümmert sich um/besorgt
  - Liedauswahl/-einübung/-folie/-zettel (Programm)
  - Instrumente
  - Spielinszenierung
  - Gebete
  - Medien/Geräte/Aufbau
  - Mikrofon
  - Symbole
  - Raumfestlegung/-schmuck
  - Kulissen
  - Sonstige technische Vorbereitungen
  - Generalprobe in der Kirche/Sprechprobe mit Mikrofon
  - Sitzordnung im Gottesdienstraum?

Nacharbeit

Dazu gehört nicht nur das Aufräumen des Gottesdienstraumes, sondern vor allem

- der Abbau von evtl. im Gottesdienst entstandenen Produkten und deren Aufbau im Eingangsbereich der Schule/der Pausenhalle/im Klassenraum, z.B. der „Lebensbaum“ aus dem Entwurf „Ein Kreuz wird zum Lebensbaum“ (Bd. 2, Nr. 1)
- das Auswertungsgespräch zwischen Lehrern und Pfarrer(n) über Stärken und Schwachstellen des Schulgottesdienstes und Verständigung über mögliche Störungen und deren Ursache und Konsequenzen für die kommenden Gottesdienste.

9. Hilfsmittel

Schulgottesdienste leben nicht in erster Linie, aber eben auch von einer befriedigenden technischen Ausstattung. Diese sollte dem Standard des schulischen Unterrichts nicht nachstehen. Neben den optischen (Dia- und Tageslichtprojektor) und akustischen Geräten (Cassetten-Recorder, Tonbandgerät, Plattenspieler) mit einer auch für größere Räume hinreichenden Bild- bzw. Tonqualität sollten vorhanden sein:

- *Pinn- oder Arbeitswand*, ca. 200 cm x 200 cm (oder größer), Sperrholz o.ä. mit Teppichboden kaschieren, ggf. zusammenklappbar (Klavierband) – Wand vom Schreiner anfertigen lassen.

  Die Arbeitswand mit Hilfe von Schraubzwingen an zwei ausgedienten Kartenständern in gewünschter Höhe befestigen.

  Verwendungsmöglichkeiten:
  - Bilder/Gemeinschaftsbilder mit Dekonadeln fixieren (vgl. Entwurf „Einander brauchen“ → Gestaltung des großen Fisches).
  - mit Nessel verkleiden und als Projektionswand nutzen.
  - *Flach- oder Rondellenpuppen:* vgl. Entwurf „Alle Kinder dieser Erde“ (Nr. 3)
  - *Kirchentagshocker:* Diese eignen sich nicht nur als Sitzgelegenheiten (Rollenspiel), sondern können zu einer „Mauer“, einem „Haus“ o.ä. angeordnet werden – s. z.B. Entwurf „Ein Kreuz wird zum Lebensbaum“ (Bd. 2, Nr. 1).

    Die Kartons können bei vielen Jugendpfarrämtern entliehen werden. Bezugsadressen nennt bei Bedarf die Geschäftsstelle des Deutschen Evangelischen Kirchentages in Fulda – Tel.: 06 61 / 60 10 91
  - Studioleuchte(n).

Ein kontinuierlich ergänzbarer Fundus mit immer wieder nutzbaren Requisiten sollte enthalten:

- Seil/Kordel/Wolle
- Kerzen/Partysticks
- Farbige Tücher (Ikeatücher), ca. 200 cm x 200 cm, zu verwenden als Raumteiler, Raumschmuck, Tischdecken, Umhänge
- Kreppapier
- Filzstifte
- Dekonadeln
- Klebstoff
- Packband
- Nessel (als Projektionsfläche bei Schattenspiel und als Umhang nutzbar)

- Liedfolien (bestimmte Lieder werden immer wieder eingesetzt)
- Stabiler Christbaumständer (zum Befestigen von Bäumen/Ästen, s. Entwurf Nr. 2: „Vom Senfkorn lernen“) oder Kreuz (s. Entwurf „Ein Kreuz wird zum Lebensbaum“, Bd. 2, Nr. 1)
- Origami-Faltblätter (10 cm x 10 cm), verschiedene Farben
- Scheren
- Bilder (Folien) mit Motiven, die mehrmals Verwendung finden können.

II. Modelle

Die Entwürfe im Überblick

Thema	Inhalt	Bibel	Bezug zum Kirchen-/Schuljahr/RU	Zentrales Symbol	Vermittlungsform	Aktionen und Symbole
1. Einander brauchen	Gemeinschaft wächst aus einzelnen Menschen, die aufeinander angewiesen sind und deren Leben in Gottes Liebe gründet	1.Kor 12,12ff (Viele Glieder – ein Leib) Apg 2 (Urgemeinde)	– Schuljahrsbeginn – Einschulung	„Swimmy" – ein großer Fisch aus kleinen Fischen (= Lernanfänger)	Schattenspiel oder Farbige Folien + TP oder Spiel mit Stabpuppen	Lernanfänger bilden aus vorbereiteten Namens-Fischen einen großen Fisch
2. Vom Senfkorn lernen	Im Bild des Senfkorns wird erschlossen, daß Gott menschlicher Ungeduld und Verzagtheit die Verheißung entgegensetzt, daß in kleinen Anfängen Großes angelegt ist	Mk 4,30–32 parr. (Senfkorn)	– Gleichnisse – Kirche – Schuljahrsbeginn – Einschulung	Baum mit Papier-(Falt)Vögeln und Namen der Kinder (Aspekt Geborgenheit/Gemeinschaft)	Pantomime – Ich-Erzählung mit Wollfadenbildern	Vorbereitete Papiervögel werden mit dem eigenen Namen beschriftet und in den Baum (s.o.) eingefügt
3. Alle Kinder dieser Erde	Kinder versch. Zeiten und Kulturkreise erfahren Gottes voraussetzungslose Liebe und hören die Einladung Jesu zur Teilhabe an Gottes neuer Welt	Mk 10 (Kindersegnung)	– Kindersegnung – Schulanfang – „Taufe" – „Segen" – Dritte Welt – Schuljahrsbeginn	Schutzmantelchristus	Szenisches Spiel mit Puppen	Sch. kleben vorbereitete Namensvignetten in die ausgebreiteten Arme des Schutzmantelchristus

Thema	Inhalt	Bibel	Bezug zum Kirchen-/Schuljahr/RU	Zentrales Symbol	Vermittlungsform	Aktionen und Symbole
4. Neues Leben unterm Regenbogen	Die Noah-Geschichte wird aus der Sicht einer Taube erzählt und durch Aktionen (Beispiele für Zerstörung u. Bewahrung der Schöpfung) begleitet	Gen 6–9 i.A.	– Noah – Schöpfung – Erntedank	Regenbogen/Taube	Erzählung der Taube, begleitet durch Lieder, Aktionen und Gespräch	s. Vermittlungsform
5. „Laudato si…“	Kinder stellen mit Symbolen den Sonnengesang vor und bauen aus Puzzle-Teilen (= 4 Elemente) die Erde zusammen. In einer Gemeinschaftsaktion ordnen sie den Elementen Symbole zu.	Schöpfung (Ernte)Dank	– Schöpfung – (Ernte)Dank	Erdkugel mit den 4 Elementen	Sprechspiel	– Erdkugel aus den 4 Elementen – „Elemente“ mit „Leben“ füllen
6. Menschen brauchen nicht nur Brot – Version 1 –	Menschen brauchen Brot zum Leben. Doch ihre Lebensbedürfnisse gehen darin nicht auf. Dieser Gedanke Jesu (Mt 4,4) wird anhand der „Frederick“-Erzählung transparent gemacht	– Schöpfung – 4. Bitte des Vaterunsers – Mt 6,24ff	– Schöpfung – (Ernte)Dank – Vaterunser – Symbol „Brot“	Gemeinschaftsbild „Sonne“	Erzählung, begleitet durch Lieder und Bewegungsspiele	Kinder fügen beschriftete „Sonnenstrahlen“ zu einer Sonne (= Gottes Liebe) zusammen

Thema	Inhalt	Bibel	Bezug zum Kirchen-/Schuljahr/RU	Zentrales Symbol	Vermittlungsform	Aktionen und Symbole
– Version 2 –	s.o.	s.o.	– Schöpfung – (Ernte)Dank – Vaterunser	„Höhle“ der Mäuse mit Requisiten und Symbolen	Spiel und Lieder	
– Version 3 –	s.o.	s.o.	s.o.		Erzählung	
7. „Nun freut euch, lieben Christen gmein“	M. Luther hilft den Menschen seiner Zeit (und uns) zu einer erneuerten Sichtweise Gottes als des liebenden Vaters. Im Modell eines Kirchenfensters wird entfernt, was diese Sicht verstellt	Röm 3,21–24	– Kirche – Reformation – Bibel	Gotisches Kirchenfenster	Spielszenen – Schulsituation – Gott gnädig stimmen (mit TP, Folien u. Folienstreifen)	
8. Steine auf dem Weg des Lebens	Die in Spiel- und Alltagssituationen vorgestellten „Steine auf dem Weg des Lebens“ werden mit „Steinen auf dem Weg des Glaubens“ parallelisiert und beides mit der befreienden Botschaft des Evangeliums verknüpft	Röm 3,21–24	– Kirche – Reformation – Bibel – Symbol „Stein“	Stein(e)	Spielszenen und deutendes Gespräch	

Thema	Inhalt	Bibel	Bezug zum Kirchen-/Schuljahr/RU	Zentrales Symbol	Vermittlungsform	Aktionen und Symbole
9. Sterne im Advent	Fünf Sterne streiten um das Vorrecht, als Weihnachtsstern die bevorstehende Geburt des Messias anzuzeigen. Der Vorschlag des kleinsten Sterns bringt eine überraschende Wende	Jes 9,1	– Advent/Weihnachten – Stern(e)	Stern	Dias Szenisches Spiel Deutung	
10. Licht auf unserem Weg	Das Licht (Kerzen) auf dem Adventsweg hat Symbolkraft und verdichtet adventliche/weihnachtliche Erfahrungen	Jes 9,1 und andere Lichtworte der Bibel	– Advent/Weihnachten – Symbol „Licht“	Spiralförmig angelegter Adventsweg mit einer großen Kerze im Zentrum und vielen kleinen Kerzen, die den Weg säumen	Rollenspiele	Sch. entzünden an großer Kerze Teelichter und stellen diese an den Adventsweg
11. Tragt in die Häuser ein Licht	Sch. erhellen eine dunkle Stadtsilhouette durch Kerzen = Licht scheint in der Finsternis und Christus/das Licht des Advent leuchtet durch jeden von uns hindurch	Jes 9,1 und andere Lichtworte der Bibel	– Advent/Weihnachten – Symbol „Licht“	Häuser-Silhouette mit farbigen Transparentfenstern	Spielszenen mit Verkündigung und Orff	Kinder stellen Teelichter in die Fenster

Thema	Inhalt	Bibel	Bezug zum Kirchen-/Schuljahr/RU	Zentrales Symbol	Vermittlungsform	Aktionen und Symbole
12. Gott schließt Türen auf	Zugrunde liegt Tolstois Legende von „Martin, dem Schuster“. Durch Begegnungen mit dem alten Stephan, einer frierenden Mutter mit ihrem Kind und einem hungrigen Apfeldieb lernt Martin, daß sich Advent ereignet, wo Menschen einander Türen und Herzen öffnen	Mt 25,31ff	– Advent/Weihnachten – Symbol „Schlüssel“	Schlüssel	Rollenspiel oder Dias	Sch. beschriften „Schlüssel“ mit Überraschungen für Mitschüler und tauschen sie aus

1 Einander brauchen („Swimmy" – Schulanfang)

Kurzinhalt:
- Begrüßung und Hinführung zum Thema
- Lied „Kommt alle und freut euch"
- Gebet
- Musik
- Erzählung „Swimmy", begleitet von
  ... Lied
  ... Aktion
  ... Musik
  ... Deutung und Auswertungsgespräch
- Lied „Laßt uns miteinander"
- Gebet – Vaterunser
- Lied „Die ersten Schritte, die du gehst"

Thematisches Stichwort

Gemeinde und Gemeinschaft, auch die der neuen Klasse und Schule, besteht und wächst aus einzelnen Menschen. Diese sind aufeinander angewiesen; sie helfen einander und vermitteln einander das Gefühl von Schutz und Geborgenheit. Miteinander erkennen sie, daß ihr individuelles und gemeinsames Leben bei Gott geborgen ist.

Ein zweites ergänzendes Stichwort kann aus den (Schöpfungs-)Wundern gewonnen werden, die die Sch. und Swimmy bei ihrem Lebens-Abenteuer zu entdecken eingeladen sind.

Biblischer Bezug

1.Kor 12,12ff (Viele Glieder – ein Leib)
Apg 2,42ff (Die erste Gemeinde)
Ps 104 (Lob der Schöpfung und des Schöpfers)

Zentrale Idee

Angeregt durch die Erzählung von L. Lionni „Swimmy" werden viele einzelne Fische (= Lernanfänger) zu einem großen Gemeinschaftsfisch zusammengefügt und der Vorgang auf die Situation der Lernanfänger hin transparent gemacht.

Bezug zum Unterricht

Dieser besteht weniger in einer thematischen Verbindung als vielmehr an inhaltlichen und technischen Vorarbeiten für den Schulgottesdienst.

Vorzubereiten sind durch ein 3./4. Schj.:
- Lieder und Gebete
- Orff-Begleitung zur Swimmy-Erzählung
- Vermittlungsform der Erzählung (Schattenspiel oder Folien oder Stab-Puppen)
- Kleine Fische aus Tonpapier, etwa kinderhandgroß (doch siehe auch unter „Bezug zum Kindergarten")
- Tonfische als Anhänger

Bezug zum Kindergarten

Ggf. kann die Swimmy-Erzählung auch hier schon vorbereitet werden, ebenso die Fische, die die Kinder dann (mit ihrem Namen versehen) zum Gottesdienst mitbringen.

Technische Vorarbeiten

Je nach Vermittlungsform
- Tuch und TP für das Schattenspiel oder
- TP oder
- Stab-Puppen

Ferner wird benötigt:
- Pinn-Wand zur Aufnahme des großen Fisches (mit blauem Untergrund (= Wasser)) und TP zum Anstrahlen
- „Auge“ (s.u.)
- dicke rote Wolle zur Vorgabe des Fischumrisses (s.u.)

Verlauf

Vorspiel

Begrüßung und Hinführung/Hinweis zum Gottesdienst, z.B. Verweis auf ein evtl. erstelltes Einladungsplakat mit dem Fischmotiv, auf die mitgebrachten Fische etc.

Lied

Text u. Melodie: Rolf Krenzer

2. Kommt alle und singet. Klatscht in die Hände, kommt alle ...
3. Kommt alle und betet. Klatscht in die Hände, kommt alle ...
4. Kommt alle und danket. Klatscht in die Hände, kommt alle ...

(aus: R. Krenzer, 100 einfache Lieder Religion, Verlag Ernst Kaufmann/Kösel, Lahr/München 1978, S. 70)

Gebet

Chor/Instrumentalkreis/Flöten o.ä.

Darbietung der Swimmy-Erzählung (s.u.): Die Geschichte wird durch Kinder des 3. oder 4. Schuljahres gelesen. Orff-Instrumente und eine der nachstehenden Vermittlungsformen begleiten und verstärken den Vortrag:
- Schattenspiel oder
- farbige Folien-Elemente auf dem TP oder
- Spiel mit Stab-Puppen.

Erzählung „Swimmy“ – Teil 1 (siehe am Schluß des Modells)

Lied

Text u. Melodie: O. Herlyn

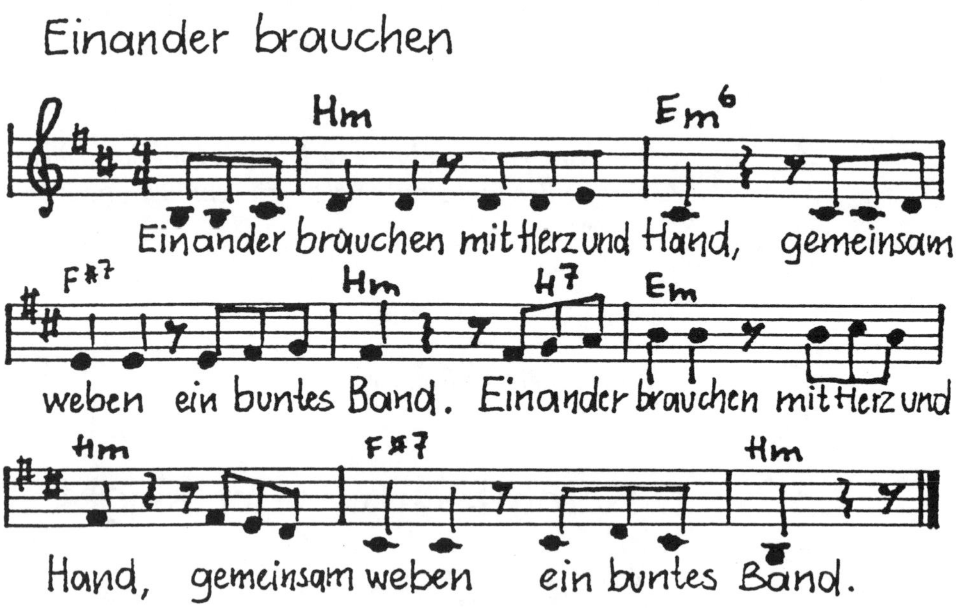

(Aus: Mein Liederbuch für heute und morgen, C 11)

Überleitende Worte – L./P. thematisiert die Hoffnungen und Ängste am ersten Schultag – Was alles neu und anders ist – Swimmys Entdeckungen in der „guten Welt der Wunder“ (wiederholen und beschreiben lassen) – Parallelen zu möglichen „Entdeckungen“ der Sch. in der neuen Umgebung benennen lassen.

Lied „Einander brauchen ...“ (s.o.)

Aktion: Wir gestalten unseren Fisch

L./P. erinnert noch einmal an das Schlußbild der Erzählung (Die kleinen Fische bilden einen großen Schwarm) und fordert Sch. (und L.) auf, nach vorn zu kommen.

Sch. (und deren zukünftige Lehrer/innen) heften ihre mitgebrachten Fische so an die vorbereitete Pinn-Wand (Umrisse des Fisches mit dicker roter Wolle oder farbigem Karton auf blauem Untergrund markieren),

daß aus vielen Einzelfischen ein großer Fisch entsteht (Fische mit Dekonadeln oder Doppelklebeband-Streifen fixieren).
Bei der Gestaltung des Fisches ist darauf zu achten, daß der Raum für das Auge zunächst ausgespart wird.

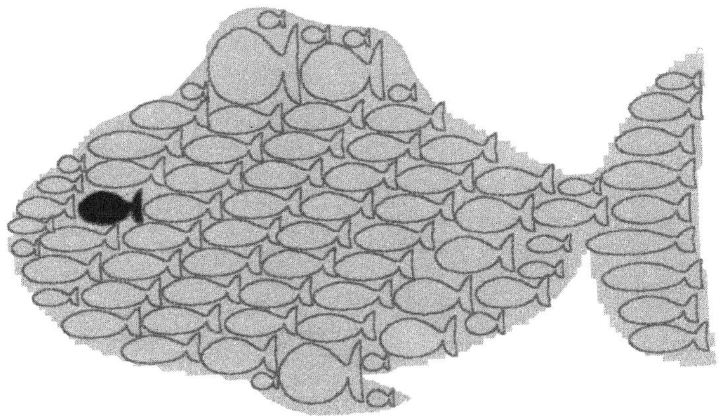

Zwischenspiel (Flöten/Orff/Instrumentalkreis ...)

Deutung (Aspekte)

Schön und bunt ist unser Fisch – Wie er entstanden ist – Wir brauchen einander – Gemeinschaft/Gemeinde gibt uns Sicherheit – Was unserem Fisch noch fehlt (das Auge = Swimmy) – L./P. liest den *2. Teil der Erzählung (siehe am Schluß des Modells).*

Fortführung des Auswertungsgesprächs:

Was alles „Auge“ sein kann: Eltern – Lehrer – Freunde – Gott – Gott als „Auge“ und Begleiter unserer Wege ...
Vervollständigung des Gemeinschaftsbildes um das „Swimmy-Auge“.
Gestaltungsvorschlag: Entweder zu Hause schon ein entsprechendes freundlich blickendes Auge vorbereiten oder nur Blanko-Auge vorbereiten und die Sch. Vorschläge zur Gestaltung des Auges machen und realisieren lassen. (Bezüglich der Farbe kann gut von der Lionni-Vorlage abgewichen werden.)

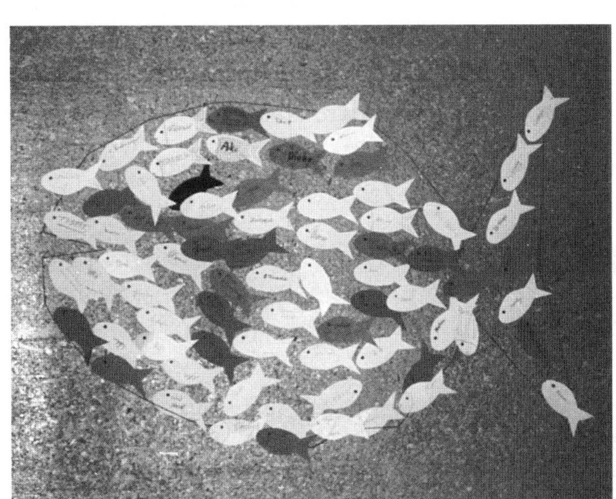

Lied: „Laßt uns miteinander ...“ (s. Religionsunterricht praktisch 3, S. 55)

Gebet (möglichst unter Beteiligung von Eltern/Großeltern/Schülern höherer Klassen/Lehrer).

Vaterunser (alle Gottesdienstbesucher fassen sich an)

Lied (Es wird vorgeschlagen, dieses Lied durch einen Chor bzw. Sch. eines 3. oder 4. Schuljahres singen zu lassen)

2. Doch bald schon wirst du größer, Kind
und suchst dir eigne Ziele,
tust Schritte, die gefährlich sind,
bist mutig und verzagt.

3. Und auf dich wartet Freud und Glück,
ein schönes, buntes Leben.
Du hast vom Himmel schon ein Stück,
kannst lieben, wirst geliebt.

Text und Melodie: Martin Gotthard Schneider (aus: M.G. Schneider, Hg., Sieben Leben möcht ich haben, Verlag Ernst Kaufmann/Christophorus, Lahr/Freiburg, S. 39 [vergriffen; Liedrechte beim Autor])

Ggf. erhalten die Schulanfänger am Ausgang als Erinnerung an ihren Einschulungsgottesdienst einen kleinen Tonfisch-Anhänger.

Segen oder Segenslied

Nach dem Gottesdienst: Das Fisch-Gemeinschaftsbild soll mit in die Schule genommen und dort in der Nähe des 1. Schuljahres/der 1. Schuljahre aufgehängt werden.

Alternative bzw. ergänzende Lieder:

„Gemeinsam hier in unserm Kreis“ (Menschenkinderlied)
(in: Das Liederbuch zum Umhängen, Nr. 73)

„Wenn einer sagt: Ich mag dich, du ...“
(in: Mein Liederbuch für heute und morgen, C 15)

„Einsam bist du klein, aber gemeinsam werden wir ...“
(in: Mein Kanonbuch, Nr. 93)

„Halte zu mir, guter Gott ...“
(in: Menschenskinderlieder, Nr. 52 und in: Schwerter Liederbuch, Nr. 249)

„Wie ein Fisch im Meer leben wir in dir ...“ = Str. 2 von „Wie ein Vogel im Nest ...“
(auf: Schallplatte „Weißt du wo der Himmel ist“, Impulse Musikverlag, Drensteinfurt)

Swimmy

Irgendwo in einer Ecke des Meeres lebte einmal ein Schwarm kleiner, glücklicher Fische. Sie waren alle rot. Nur einer von ihnen war schwarz. Schwarz wie die Schale der Miesmuschel. Aber nicht nur in der Farbe unterschied er sich von seinen Schwestern und Brüdern: Er schwamm auch schneller. Sein Name war Swimmy.

Eines schlimmen Tages kam ein Thunfisch in diese Ecke des Meeres gebraust, ein schneller, grimmiger, überaus hungriger Bursche. Der verschlang alle kleinen roten Fische mit einem einzigen Maulaufreißen. Nur ein Fisch entkam ihm. Das war Swimmy.

Erschrocken, traurig und einsam wedelte der kleine Swimmy hinaus ins große, große Meer.

Nun ist das Meer aber voller wunderbarer Geschöpfe, die Swimmy in seiner heimatlichen Meeresecke nie gesehen hatte. Als der große Ozean ihm Wunder um Wunder vorführte, wurde er bald wieder so munter wie ein Fisch im Wasser. (Und ein Fisch im Wasser war er ja; wenn auch nur ein kleiner.) Zuerst sah Swimmy die Meduse, die Qualle.

Er fand sie wunderbar. Sie sah aus, als wäre sie aus Glas, und sie schillerte in allen Farben des Regenbogens.

Dann sah Swimmy eine Art lebenden Schaufelbagger. Das war der Hummer.

Gleich drauf schwammen sehr seltsame Fische an ihm vorbei, leise und gleichmäßig, als ob sie von unsichtbaren Fäden gezogen würden. Dem kleinen munteren Swimmy waren sie ein bißchen unheimlich.

Bald aber war Swimmy wieder heiter.

Er durchschwamm einen prächtigen Märchenwald. Einen Wald aus Meeresalgen, die auf bonbonbunten Felsen wuchsen.

Swimmy kam aus dem Staunen nicht heraus. Jetzt nämlich begegnete er einem Aal, der ihm unendlich lang erschien. Als Swimmy endlich wild wedelnd am Kopf des Aales angekommen war, konnte er sich schon nicht mehr an die Schwanzspitze erinnern.

Ein Wunder schloß sich ans andere an. Das nächste waren die See-Anemonen. Sie schwangen in der Strömung sanft hin und her, wie rosa Palmen vom Wind bewegt.

Dann jedoch glaubte Swimmy seinen Augen nicht zu trauen: Er sah einen Schwarm kleiner roter Fische. Hätte er nicht gewußt, daß sein eigener Schwarm verschlungen und verschwunden war: Er hätte die Fische für seine Schwestern und Brüder gehalten. „Kommt mit ins große Meer!" rief er ihnen munter zu. „Ich will euch viele Wunder zeigen!" „Geht nicht", antworteten die kleinen roten Fische ängstlich. „Dort würden uns die großen Fische fressen! Wir müssen uns im sicheren Felsenschatten halten." Die Antwort der kleinen roten Fische machte Swimmy nachdenklich. Er fand es traurig, daß der Schwarm sich nie hinaus ins offene Meer trauen durfte. „Da muß man sich etwas ausdenken!" dachte er. Und er dachte nach.

Er überlegte und überlegte und überlegte. Und endlich hatte er einen Einfall. „Ich habs!" rief er fröhlich. „Laßt uns etwas ausprobieren!"

Da Swimmy den kleinen roten Fischen gefiel, befolgten sie seine Anweisungen: Sie bildeten einen Schwarm in einer ganz bestimmten Form. Jedes Fischchen bekam darin seinen Platz zugewiesen.

Als der Schwarm diese bestimmte Form angenommen hatte, da war aus vielen kleinen roten Fischen ein großer Fisch geworden, ein Fisch aus Fischen, ein Riesenfisch. Es fehlte dem Fisch nur das Auge. Also sagte Swimmy: „Ich spiele das Auge!" Dann schwamm er als kleines schwarzes Auge im Schwarm mit.

Jetzt traute der Schwarm sich endlich hinaus ins offene Meer, hinaus in die große Welt der Wunder. Niemand wagte mehr, sie zu belästigen. Im Gegenteil: Selbst die größten Fische nahmen vor dem Schwarm Reißaus. Und so schwimmen viele kleine rote Fische, getarnt als Riesenfisch, immer noch glücklich durch das Meer, und Swimmy fühlt sich in seiner Rolle als wachsames Auge sehr, sehr wohl.

(L. Lionni, Swimmy. Deutsch von J. Krüss,

2 Vom Senfkorn lernen

Kurzinhalt:
- Lied „Meinem Gott gehört die Welt" (1f)
- Begrüßung und Hinweise zum Gottesdienst
- Lied „Meinem Gott gehört die Welt" (3.5)
- Erzählung: Vom ungeduldigen chinesischen Bauern, der dem Korn beim Wachsen helfen wollte
- Kurzes Auswertungsgespräch: Die Ungeduld des Bauern und unsere Ungeduld
- Lied „Meinem Gott gehört die Welt" (4)
- Darbietung des Senfkorngleichnisses
  ... als Pantomime (+ Orff)
  ... als Ich-Erzählung mit Senfkorn und Wollfadenbildern
- Lied „Kleines Senfkorn Hoffnung"
- Abschließende Deutung
- Gebet – Vaterunser
- Kanon „Mitten unter uns"

Thematisches Stichwort

Im Kleinen ist keimhaft Großes angelegt – Gott läßt sein Reich und das Leben, das sich lohnt, aus unscheinbaren Anfängen erwachsen.

Biblischer Bezug

Das Gleichnis vom Senfkorn (Mk 4,30–32 parr.)

Zentrale Idee

Im Mittelpunkt des Gottesdienstes steht als Hoffnungsbild für Gottes neue Welt ein „Baum", der mit Papiervögeln geschmückt wird. Die Vögel tragen die Namen der Kinder. Der „Baum" wird so zum Symbol für Geborgenheit und Gemeinschaft.

Bezug zum Unterricht

Die den Schulgottesdienst vorbereitende und verantwortlich gestaltende Klasse sollte das Thema „Gleichnisse: Den Himmel auf die Erde bringen" (Religionsunterricht praktisch 3, S. 21ff) im Unterricht behandelt haben. Von dieser Lerngruppe kann in Vorarbeit und Durchführung des Schulgottesdienstes eingebracht werden:

- Lieder/Liedauswahl
- Wollfadenbilder zu der chinesischen Erzählung
- Wollfadenbilder zum Senfkorngleichnis
- Pantomime zum Senfkorngleichnis
- Lektüre der Erzählung
- Orff-Musik zur Textdarbietung
- Gestaltung von Plakaten mit Hinweisen auf den Schulgottesdienst für die Schule (Pausenhalle o.ä.), für den Schaukasten der Gemeinde
- Graphische Gestaltung des Liederzettels
- Herstellung von Faltvögeln aus Origami-Papier für alle Gottesdienstbesucher. Die Vögel werden am Eingang zusammen mit Filzstiften an die Gottesdienstbesucher verteilt.

Technische Vorarbeiten

Besorgt bzw. bereitgestellt werden müssen:

- TP zum Anstrahlen der Wollfadenbilder (wirken durch das Licht brillanter)
- ein oder mehrere Senfkörner (Gartencenter o.ä.)
- ein ca. 250 cm großer verzweigter Ast als „Baum“ zur Aufnahme der Faltvögel, dazu ein Weihnachtsbaumständer zum Befestigen des „Baumes“
- Wolle und Teppichboden-Fliesen für die Wollfadenbilder (zur Technik s. W. Longardt, Spielbuch Religion, Benziger/Kaufmann, Zürich/Köln/Lahr 1974, S. 24f; ders., Spielbuch Religion 2, Benziger/Kaufmann, Zürich/Köln/Lahr 1981, S. 231f).

Bastelanleitung:

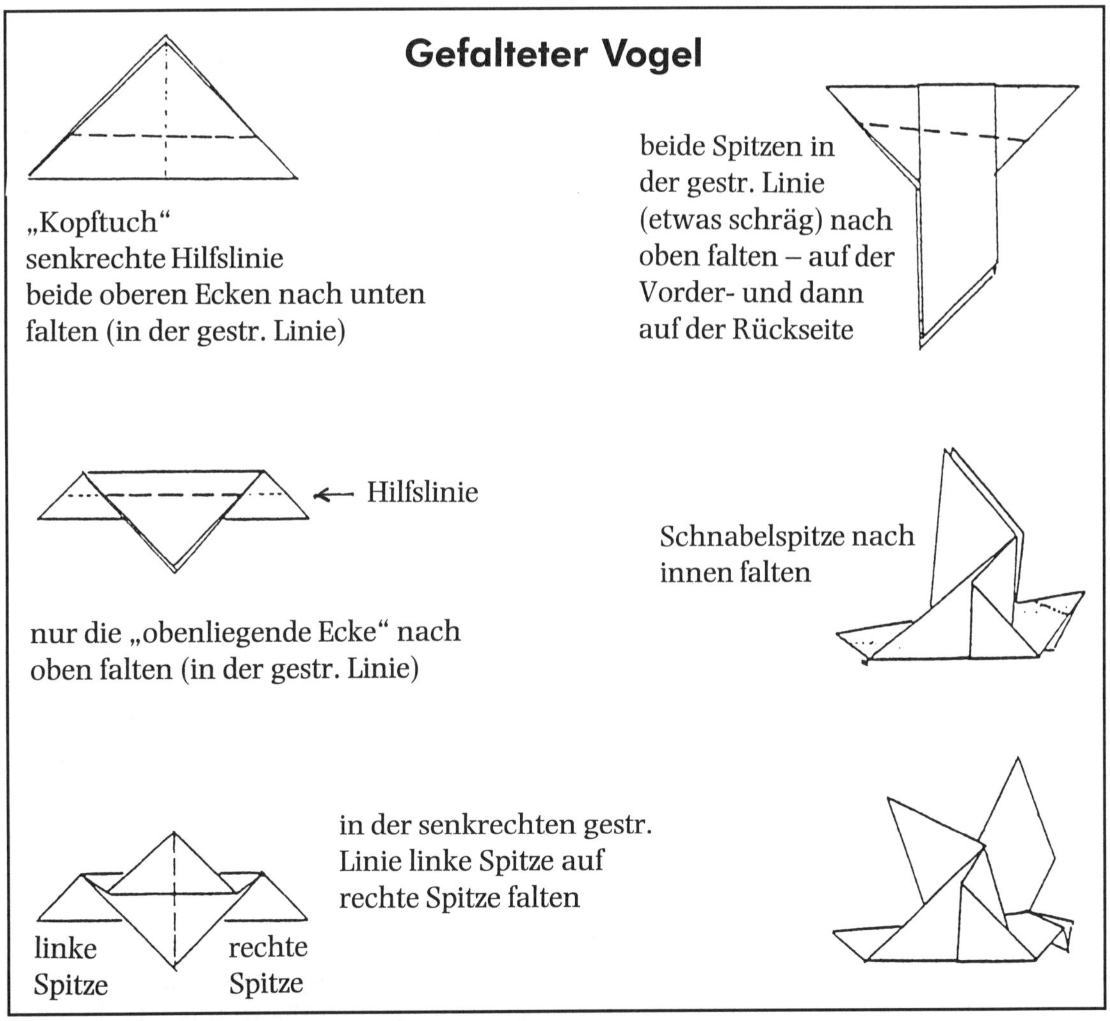

(aus: E. Domay, Hg., Arbeitsbuch Gottesdienst. Ideen und Modelle für ein ganzheitliches Erleben des Gottesdienstes Gütersloher Verlagshaus Gerd Mohn, Gütersloh 1990, S. 226)

Verlauf

Lied: „Meinem Gott gehört die Welt“ (EG 402), Strophe 1 und 2

Begrüßung und Hinweise zum Thema/zum Gottesdienst

Liedstrophe: „Meinem Gott ...“, Str. 3 und 5

Umweltgeschichte:

Wachstumshilfe für Setzlinge

Im Staate Song glaubte ein Bauer, daß die Reissetzlinge auf seinen Feldern nicht schnell genug wüchsen. Deshalb zog er sie alle ein Stückchen in die Höhe und kam ziemlich erschöpft nach Hause. „Heute bin ich rechtschaffen müde“, erklärte er seiner Familie, „habe ich doch den ganzen Tag lang den Setzlingen beim Wachsen geholfen.“ Da lief sein Sohn zum Felde hin und fand sie alle verwelkt. Viele Leute wünschen, daß die Saat gut wachse. Manche aber vergessen sogar, das Unkraut zu jäten. Andere wieder wollen mit Gewalt nachhelfen. Das freilich nützt den Pflanzen nichts, das schadet ihnen.

(Mengzi, aus: Altchinesische Fabeln, [Röderberg Taschenbuch, Bd. 7], Pahl-Rugenstein, Köln 1988, S. 15)

Kurzes Auswertungsgespräch (insbes. zum Stichwort „Ungeduld“ – Transfer zu Ungedulds-Erfahrungen der Kinder.

Liedstrophe: „Meinem Gott ...“, Strophe 4

Verkündigung: Was der chinesische Bauer vom Senfkorn lernen könnte.
Überleitung: P./L.: „Der Bauer in unserer Erzählung hat alles zerstört, weil er nicht warten konnte, weil er keine Geduld hatte.
Auch die Jünger von Jesus sind oft ungeduldig: Schnell soll das gehen mit Gottes Reich. Überall soll man es sehen. Doch was passiert? Einige Kranke macht Jesus gesund. Manchmal predigt er. – Doch kommt dadurch Gottes neue Welt? Wird dadurch Frieden? Hört damit das Unrecht auf? Wird dadurch das Leben anders?“ So zweifeln die Jünger.
Jesus hört den Jüngern aufmerksam zu. Dann erzählt er ihnen eine Geschichte.

Durchgang 1: Schülergruppe spielt (*ohne* Text) pantomimisch Aussaat und Wachstum des Senfkorns, ggf. mit Orffschen Instrumenten. Die nicht an der Vorbereitung des Schulgottesdienstes beteiligten Sch. teilen einander ihre Beobachtungen mit.

Lied zum Zuhören: „Kleines Senfkorn Hoffnung ...“ (s. Religionsunterricht praktisch 3, S. 32).

Durchgang 2: Ich-Erzählung mit Senfkorn und Wollfaden-Bildern. Analog zum Fortgang der Erzählung treten die Kinder vor und befestigen das jeweilige Bild an einer Wäscheleine rechts vom Baum.

Sprecher 1: „Jesus erzählt seinen ungeduldigen Jüngern folgende Geschichte: ‚Mit dem nahen Gottesreich ist es wie mit einem Senfkorn. Ein Mann nahm es und säte es auf seinen Acker. Das Senfkorn ist winzig, viel kleiner als andere Samenkörner. Wenn es aber aufgeht, ist es größer als die anderen Gewächse. Das unscheinbare, kleine Korn wird zum großen Strauch. Vögel kommen und nisten in seinen Zweigen.'"
Sprecher 2: (hält zwischen Daumen und Zeigefinger ein Senfkorn) „Das Senfkorn in meiner Hand kann mir helfen, diese Jesusgeschichte zu begreifen."
Sprecher 1: „Wenn das Senfkorn erzählen könnte, würde es uns vielleicht folgende Geschichte erzählen:"
Sprecher 2: „Ich bin ein Senfkorn. Ich bin winzig klein. Wenn sich eine Hand um mich schließt, bin ich nicht mehr zu sehen. Ich bin klein wie ein Staubkorn. Wie kann aus so etwas Kleinem etwas Großes werden?"
Sprecher 1: „Eines Tages ereignet sich etwas Merkwürdiges. Ein Bauer nimmt mich und wirft mich in hohem Bogen auf einen Acker. Ich falle in tiefe, weiche Erde. Um mich ist es dunkel und kalt. Ich fühle mich wie in einem Grab."
Sprecher 2: „Doch dann geschieht ein Wunder. Meine Schale bricht auf, Wurzeln wachsen aus mir und tasten sich in die braune Erde vor. Ich, das kleine Senfkorn, wachse! Ich wachse und durchbreche die Erde – wachse der Sonne entgegen. Ihre Strahlen wärmen mich, die Tropfen des Regens fördern mein Wachstum."
Sprecher 1: „Ich wachse und reife. Ich bekomme Zweige, Blätter und Früchte."

Sprecher 2: „Aus mir, dem unscheinbaren Senfkorn, ist ein stattlicher Strauch geworden."

Sprecher 1: „Hasen und Rehe finden Schutz unter meinem Blätterdach, Vögel bauen in meiner Krone ihre Nester, Schmetterlinge spielen um meine Krone und ruhen sich in meinen Zweigen aus. Kinder fühlen sich in meiner Nähe wohl."

Sprecher 2: „Das ist wie ein Wunder. Ich bin nicht mehr winzig, einsam und klein. Aus etwas Winzigem ist Großes geworden. In mir steckt viel Kraft zum Leben, zur Freude, zur Gemeinschaft, zum Teilen mit anderen."

Sprecher 1: „Das Senfkorn in unseren Händen kann uns daran erinnern, daß aus Kleinem etwas Großes, aus Unscheinbarem etwas Wichtiges werden kann. Im Senfkorn ist Hoffnung enthalten."

Aktion: Sch. schreiben ihren Namen auf ihren Vogel. Sie fügen die beschrifteten Vögel anschließend (bankweise) in den Baum.

Liedstrophen: „Kleines Senfkorn Hoffnung …“, Strophe 2 und 3

P./L.: kurze, abschließende Deutung (unter Einbeziehung des Gemeinschaftsgedankens)

Gebet (vgl. Religionsunterricht praktisch 3, S. 28) / Vaterunser

Kanon

Text: *nach einer Idee von Marliese Platzöder*
Musik: Bernd Schlaudt

(aus: Menschenskinderkirchentage, [Materialheft 48], Beratungsstelle für Gestaltung, Frankfurt/M. 1986, S. 246)

Segen

Nach dem Gottesdienst: Vogel-Baum und Wollfaden-Bilder sollten für eine Weile in der Pausenhalle/in einem Klassenraum aufgehängt werden. – Dort können über eine längere Zeit hinweg von den Sch. aller Klassen um den Baum Beispiele für das (zunächst verborgene) Wachsen von Gottes Reich aus unscheinbaren Anfängen gruppiert werden (z.B. Menschen, die bei uns und/oder in der Dritten Welt Gutes tun – Beispiele aus der Kirchengeschichte – Zeitungsnotizen – Bilder …).

Alternative bzw. ergänzende Lieder:

„Gottes Herrschaft gleicht einem Samenkorn ..."
(in: G. Watkinson, Hg., 9 x 11 neue Kinderlieder zur Bibel, S. 53)

„Das Senfkorn, das Senfkorn ist klein ..."
(a.a.O. S. 55)

„Ins Wasser fällt ein Stein ..."
(in: Wenn du singst, sing nicht allein, a.a.O., Nr. 55; vgl. auch Nr. 54 „Ein Funke ist genug ...")

„Nimm das Senfkorn in die Hand"
(in: Menschenskinderlieder, Nr. 64)

„Alles muß klein beginnen"
(in: Menschenskinderlieder, Nr. 155)

„Viele kleine Leute"
(in: Wenn du singst, Nr. 204)

3 Alle Kinder dieser Erde
(Kindersegnung – Dritte Welt)

Kurzinhalt:
- Begrüßung
- Lied „Wenn einer sagt: Ich mag dich, du"
- Wechselpsalm (Ps 139)
- Lied „Das wünsch ich sehr"
- Katechetisches Spiel mit Puppen: Kindersegnung
- Lied „Alle Kinder dieser Erde" (1)
- Deutung
- Lied „Alle Kinder dieser Erde" (2)
- Aktion: Im Schutz des Christusmantels
- Lied: „Alle Kinder dieser Erde" (3)
- Fürbitten
- Segnung der Kinder
- Segnungslied „Herr, dein guter Segen"

Thematisches Stichwort

Jesus sieht die Kinder als Symbolträger:

- als Symbolträger der voraussetzungslosen Liebe Gottes, die Wertschätzung nicht an Leistung bindet;
- als Symbolträger des Vertrauens, das Angst relativiert;
- als Symbolträger der Hoffnung, die noch für Träume und Wunder offen ist.

Weil Gott das „Unfertige und Unvollkommene liebt" (E. Drewermann), steht Kindern Gottes neue Welt offen.

Biblischer Bezug

Kindersegnung (Mk 10,13–16 parr.), vgl. Religionsunterricht praktisch 1, S. 19ff
Taufe (vgl. Religionsunterricht praktisch 4, S. 125/135f/142 bzw. S. 141/151/158)
„Segen" (vgl. Religionsunterricht praktisch 1, S. 91, 94 [Abraham]).

Zentrale Idee

Das Rollenspiel mit Puppen deutet Mk 10,13ff nach zwei Richtungen aus: Die Erfahrungen und Hoffnungen von Kindern in der Jesuszeit werden mit Erfahrungen und Erwartungen heutiger Kinder verschränkt: Kinder bei uns und Kinder in und aus anderen Ländern. (Welche Nationalitäten und Herkunftsländer Berücksichtigung finden, ist an den lokalen Gegebenheiten zu orientieren.)

Der bergende Charakter der Einladung Jesu für alle wird zudem im Motiv des „Schutzmantelchristus" ausgedrückt: Alle Kinder heften eine Vignette mit ihrem Namen in die ausgebreiteten Arme Jesu.

Die Einladung zur Teilhabe an Gottes neuer Welt gilt allen Kindern; gleichwohl ist – insbesondere bei Kindern moslemischen oder buddhistischen Glaubens – große Behutsamkeit angezeigt und jede christliche „Vereinnahmung" zu vermeiden.

Bezug zum Unterricht

Wenn auch grundsätzlich von den Gegenständen „Taufe“ oder „Segen“ her der Zugang gewählt werden kann (s.o.), so ist doch idealerweise als Bezugs- bzw. Anknüpfungspunkt die Perikope von der „Kindersegnung“ heranzuziehen. Die Sch., die den Gottesdienst verantworten, werden sich vorbereitend mit dem Thema beschäftigen; für die anderen Besucher bietet sich eine unterrichtliche Nacharbeit an.

Vorzubereiten sind (nicht nur im RU):

– *Puppen* (Jesus – einige Jünger – Mütter – Kinder verschiedenen Alters und unterschiedlicher Kulturkreise) nach folgender Anleitung herzustellen:

Möglichkeit 1: Puppen aus Packpapier-Tüten

a) *Benötigte Materialien:* Mülltüten aus Packpapier, Füllmaterial für den Kopf (Diolenwatte, Watte, Woll- oder Stoffreste o.ä.), Wolle, größere Stoffreste, Holzstäbe (Rundstäbe – ca. 8 mm Durchmesser, 80 cm lang), Plakafarbe, Packband, Schere, Klebstoff.
b) *Anfertigung der Grundform:* Die Papiertüten werden umgestülpt, um störende Schriftzüge zu kaschieren. Der Kopf wird mit Diolenwatte u.ä. gefüllt, ein Rundstab hineingeschoben und anschließend mit breitem Klebeband (Packband) abgebunden. Die Gesichtszüge können nun großflächig mit Plakafarbe aufgemalt werden. Aus den Wollresten werden die Haare angefertigt und auf dem Kopf angeklebt. Zum Schluß drapiert man die Stoffreste um den Puppenkörper und befestigt sie.

Möglichkeit 2: Flachpuppen aus Kaninchendraht

a) *Benötigtes Material:* Kaninchendraht, Drahtschere oder Zange, Packpapier, Packband, Stoffreste, Wolle, Plakatfarben, Holzstäbe (Rundstäbe, ca. 8 mm Durchmesser, 80 cm lang).
b) *Anfertigung der Grundform:* Rechteck in gewünschter Größe aus dem Draht schneiden (Maskengröße + 5 cm an jeder Seite). Die Ecken einschlagen bzw. einrollen, bis die Gesichtsform erreicht ist. Draht leicht wölben. Rohform in Packpapier einschlagen und Papierenden auf der Rückseite der Maske mit Packband verkleben. Weitere Gestaltung der Gesichtszüge, der Haare und Kleider: s.o. – zuletzt den Rundstab zum Führen der Puppe auf der Rückseite des Kopfes mit Packband befestigen.
   Mit größerem Zeitaufwand lassen sich (mit Kleister und Papier) noch überzeugender Gesichtskonturen (Nasen, Augenbrauen, Lippen, Wangen) herausarbeiten.

Weitere Anregungen zum Thema „Puppenbau“ in:

M.L. Goedecke-Seischab, Miteinander kreativ sein. Bildnerisches Gestalten in kirchlichen Kinder-, Jugend- und Erwachsenengruppen, Kaufmann/Christophorus, Lahr/Freiburg 1988, S. 55–61, 106–111.

P. Griggs, Kreativer Unterricht. Ideen für die Praxis, Wort im Bild, Hammersbach 1983, S. 24–30.

Spielen, Gestalten, Theatermachen, (Materialheft Nr. 22 der Beratungsstel-

le für Gestaltung von Gottesdiensten und anderen Gemeindeveranstaltungen), Frankfurt 1978, S. 147ff.
I. Klettenheimer, ALS-Handbuch der Gestaltungstechniken, ALS, Frankfurt 1984², S. 206 und 192ff.
M. Gsella, Jetzt lassen wir die Puppen tanzen. Puppenspiele in Kindergruppen, Burckhardthaus-Laetare, Offenbach 1987.
M. Bachmann, Puppenbau & Puppenspiel im Religionsunterricht der Grundschule, PTI Bonn-Bad Godesberg

- Einübung des Rollenspiels mit Puppen;
- Lieder auswählen und einüben; Fürbitten formulieren;
- „Schutzmantelchristus" aus Tonpapier o.ä. mit TP und Folie (nach u.a. Vorlage) anfertigen. Vignetten (ca. 5 cm Durchmesser) aus farbigem Tonpapier für alle Gottesdienstbesucher vorbereiten; Stifte und Klebeband (zur Befestigung der Vignetten) bereithalten.

Technische Vorarbeiten

Stellwand o.ä. zur Befestigung des „Schutzmantelchristus"

Verlauf

Begrüßung der Sch./Lehrer/Eltern (mit Hinweisen zum Thema des Gottesdienstes, ggf. zur Graphik auf dem Gottesdienstprogramm etc.)

Lied „Wenn einer sagt. Ich mag dich, du ..." (Kindermutmachlied), Strophe 1–4 (s. Religionsunterricht praktisch 1, S. 15 und Schwerter Liederbuch Nr. 221)

Wechselpsalm (nach Psalm 139, H. F.)

Herr, du kennst mich:
Du kennst meinen Namen und meine Gedanken.

Herr, du kennst mich und hast mich lieb.

Worüber ich nachdenke –
Du weißt es.
Was ich auch tue –
Du bist neben mir.
Mein ganzes Leben liegt offen vor dir.

Herr, du kennst mich und hast mich lieb.

Ob ich sitze oder stehe,
ob ich liege oder gehe,
du hältst deine Hand über mich.

Herr, du kennst mich und hast mich lieb.

Auch wenn es mir schlecht geht,
bist du bei mir.
Du achtest auf mich.
Nie gibst du mich verloren.

Herr, du kennst mich und hast mich lieb.

Lied „Das wünsch ich sehr …" (s. Religionsunterricht praktisch 1, S. 100)

Überleitung: Hinweis auf Situationen, wo sich Kinder von Erwachsenen nicht ernstgenommen fühlten o.ä. (vgl. auch Religionsunterricht praktisch 1, S. 28).

Darbietung von Mk 10, 13–16 (Kindersegnung) als szenisches Spiel mit Puppen (Text nächste Seite)

Lied(strophe) „Alle Kinder dieser Welt", Strophe 1 (s. Schwerter Liederbuch, Nr. 153)

Deutung/Katechetisches Gespräch (Stichworte).
Jesu Verhalten und das der Jünger vergleichen – Was Erwachsene von Kindern lernen können – Was Jesus den Kindern zutraut und sagen möchte – „Gott liebt das Unfertige" (Drewermann) – „Alle Kinder dieser Welt" in ihren Rollen als Kinder Gottes und Geschwister – Bedeutung der Geste des Umarmens und Segnens (ggf. spielen lassen).

Lied(strophe) „Alle Kinder dieser Welt", Strophe 2

Aktion: P./L. leitet die Aktion an, indem er zunächst auf die Figur des „Schutzmantelchristus" im Altarraum verweist und dessen ikonographische Bedeutung in der Kunst des Mittelalters kurz erläutert.

(Die Graphik und Gestaltungsidee verarbeitet ein Motiv von H.-G. Anniès, zit. in: E. Dietrich, Da erregte sich die ganze Stadt. Jesus-Geschichten zum Vorlesen und Weitererzählen, Junge Gemeinde, Stuttgart 1986, S. 40.)

Sch. schreiben sodann ihre Namen auf die vorbereiteten Vignetten, kommen bankweise nach vorne und kleben die Namensvignetten in die ausgebreiteten Arme des „Schutzmantelchristus" (zum Befestigen schmale Doppelklebestreifen verwenden).

Lied(strophe) „Alle Kinder …", Strophe 3

Die Kindersegnung (Mk 10,13–16)

Personen: Erzähler, Jesus, Mutter 1,2 und 3, Kind 1, 2, 3, 4 und 5 sowie einige Jünger/Väter

Szene 1: Am Dorfbrunnen

(Kinder und Mütter stehen am Brunnen. Frauen schöpfen Wasser und tauschen Neuigkeiten aus. Kinder spielen ... Ein Kind kommt aufgeregt angerannt)

Kind 1: „He, hört mal zu! Habt ihrs schon gehört? Die Männer sind unterwegs zu Jesus! Zu Rabbi Jesus aus Nazareth! Laßt uns auch hinlaufen!" *(Kind wendet sich zum Laufen.)*

Mutter 1: *(zu anderer Mutter)* „Meinst du, Rebekka, das stimmt – Jesus hier in Kapernaum?"

Mutter 2: „Das kann schon gut sein. Als Wanderprediger zieht er Tag für Tag durch die Orte hier am See."

Mutter 3: *(sich einschaltend)* „Jesus – ist das nicht der Mann, der Bartimäus wieder sehend gemacht hat?"

Mutter 2: „Ja, das stimmt! Bartimäus hat ihm so viel zu verdanken. Er ist wie neugeboren!"

Kinder: *(ungeduldig durcheinander schreiend)* „Schnell! Wir wollen auch zu Jesus!" – „Los!" – „Beeilt euch!" ... *(Kinder schubsen und zerren.)*

Szene 2: Die Jünger weisen die Kinder ab

Erzähler: „Die Kinder und Mütter treffen auf dem Marktplatz ein. Doch die Kinder sind enttäuscht. Sie können gar nichts sehen, denn die Jünger und die anderen Männer stehen in dichtem Kreis um Jesus herum."

(Kinder versuchen den Kreis zu durchbrechen)

Erzähler: „Aber die Kinder sind klein – und die Erwachsenen groß. Sie machen einfach keinen Platz für die Kleinen. Ihre Mauer ist undurchdringlich."

Jünger 1: „Was wollt ihr denn hier?"

Jünger 2: *(ärgerlich zum Kind)* „He, Kleiner, drängel nicht so!"

Jünger 3: „Geht nach Hause! Das ist hier doch kein Spielplatz!"

Mann/Vater: *(erstaunt und vorwurfsvoll zu seiner Frau)* „Rebekka, was machst du denn hier mit Miriam? Ich denke, ihr seid zu Hause?"

Kind 2: *(bittend)* „Papa, nimm mich doch auf den Arm. Ich möchte so gerne Jesus sehen!"

Mann/Vater: *(abweisend, ärgerlich)* „Nein, Miriam! Das geht wirklich nicht! Das hier ist nichts für Kinder!"

Kind 1: „Wir wollen auch zu Jesus!"

Kind 2: „Jesus erzählt von Gott – auch für Kinder!"

Jünger 2: „Was versteht ihr denn schon von Gott? Jesus hat keine Zeit für Kinder! Jesus hat mit den Erwachsenen genug zu tun! – Und nun verschwindet! Frauen und Kinder haben hier nichts zu suchen!"

Erzähler: „Und was denken die Kinder jetzt? – Aber das kennen sie ja: Erwachsene, die Kinder manchmal lästig finden; Erwachsene, die manchmal zu Kindern sagen: Das könnt ihr noch nicht! Dazu seid ihr noch zu klein! Das dürft ihr noch nicht ...! Das gibt es überall; das hören Kinder auch heute manchmal."

Szene 3: Kinder aus fremden Ländern stellen sich vor

(ist auf die jeweilige Schulsituation abzustellen)

Erzähler: „Du bist noch zu klein! – Das kannst du noch nicht! – Das darfst du noch nicht! – Das hören Kinder auch heute immer wieder.
Das erleben manchmal auch Gimka und Salem, Sermina und …“

Kind 3: „Ich heiße Gimka und wohne in Kamerun. Manchmal sagt meine Mutter: Gimka, du kannst noch kein Wasser holen! Du bist noch zu klein!“

Kind 4: „Ich bin Salem. Ich komme aus der Türkei. Wenn meine älteren Geschwister spielen, möchte ich gerne mitspielen. Oft schicken sie mich dann weg und sagen: Du bist noch zu klein!“

Kind 5: „Ich heiße Sermina. Geboren bin ich in Jugoslawien. Neulich wollte ich meiner Mutter beim Backen helfen. Aber sie nahm mir die Schüssel weg und sagte: Wenn du größer bist, kannst du mir helfen, jetzt nicht!“

Kind 3: „Immer wieder hören Kinder: Du bist noch zu klein! Das kannst du noch nicht! Das darfst du noch nicht!“

Kind 4: „Es ist nicht schön, ausgemeckert und weggeschickt zu werden!“

Szene 4: Am Marktplatz – Jesus segnet die Kinder

Erzähler: „Damals in Kapernaum ging die Geschichte anders weiter.“
(Jesus öffnet den Kreis und holt die Kinder mit einladender Geste in den Kreis hinein. Er wendet sich den Kindern zu)

Jesus: „Wie schön, daß ihr hier seid! Kommt doch näher! Jeder darf zu mir kommen – auch Kinder!“ *(Jesus streckt den Kindern seine Hände entgegen – Kinder laufen auf Jesus zu)*

Erzähler: „Die Kinder haben sich von ihren Müttern losgerissen. Sie springen auf Jesus zu. Andere stehen ganz dicht neben Jesus oder sitzen auf seinem Schoß. Jesus spricht freundlich mit den Kindern und mit den Müttern.“

Jesus: *(zu Rebekka)* „Wie heißt dein Kind?“

Mutter: „Miriam.“

Jesus: *(legt seine Hand auf Miriams Kopf)* „Gott segne dich und behüte dich, Miriam!“

Erzähler: „Und zu den Jüngern und zu den anderen Erwachsenen sagt Jesus:“

Jesus: „Von den Kleinen könnt ihr viel lernen: Kinder leisten und verdienen selbst noch nichts. Sie halten einfach ihre leeren Hände auf und lassen sich beschenken.“

Erzähler: „Und so nimmt Jesus nacheinander jedes Kind und segnet es. Vater, sagt er, behüte diese Kinder auf allen Wegen. Behüte alle Kinder dieser Erde.
Die Kinder spüren es: Gott hat sie lieb. Für ihn ist niemand zu klein, auch nicht Gimka und Salem, Sermina und …“

Jesus: *(zu den Erwachsenen gewendet)* „Nehmt euch an den Kindern ein Beispiel. Laßt euch, wie sie, von Gott beschenken. Gottes Liebe – das ist wie ein Geschenk. Besonders für Kleine und Schwache ist Gott da. Werdet wie diese Kinder! Mit den Kindern dieser Erde beginnt Gottes Reich!“

(Die Erwachsenen gehen nachdenklich und schweigend auseinander. Die Kinder und Mütter gehen froh nach Hause)

(Textfassung unter Verwendung von Gedanken und Formulierungen aus: R. Krenzer, Wir spielen Theater. Bd. 2, Ed. Kemper im Verlag E. Kaufmann, Lahr 1987[3], S. 147–149)

Fürbitten (Kehrvers „Behüte uns Gott ..." ggf. singen)

A Guter Gott,
Vater im Himmel!
Danke, daß du nicht nur die großen Leute siehst,
sondern auch uns Kinder.

Alle: Behüte uns Gott, bewahre uns Gott!

B Du findest uns gut, ob wir
ängstlich oder mutig sind,
laut oder leise,
stark oder schwach,
Mädchen oder Junge,
schlau oder dumm,
schwarz oder weiß.

Alle: Behüte uns Gott, bewahre uns Gott!

A Du hast uns lieb, wie wir sind.
Du hast uns lieb,
auch wenn wir vieles noch nicht können oder wissen.
Du willst uns groß und selbständig werden lassen.

Alle: Behüte uns Gott, bewahre uns Gott!

B Behüte alle, die unsere Wege begleiten
und uns helfen, erwachsen zu werden:
Eltern und Lehrer,
Paten und Großeltern
und alle, die sonst noch für uns sorgen.

Alle: Behüte uns Gott, bewahre uns Gott!

A Behüte alle Kinder.
Behüte besonders die Kinder,
die krank, behindert oder traurig sind.
Behüte alle Kinder,
die unter Krieg und Hunger leiden.

Alle: Behüte uns Gott, bewahre uns Gott!

B Behüte Gimka und Golka, José und Jacira
und all die andern Kinder in fernen Ländern.
Behüte Ayse und Dilek, Gabor und Massud,
all die andern ausländischen Kinder bei uns.
Sie alle sind deine Kinder.
Sie alle sind unsere Geschwister.

Alle: Behüte uns Gott, bewahre uns Gott!

A Du kommst zu uns
als Kind in der Krippe,
als Freund der Kinder,
als Helfer der Armen.
Danke, guter Gott,
daß du mit uns Kindern
deine neue Welt bauen willst.

Alle: Behüte uns Gott, bewahre uns Gott!

Segnung der Kinder (durch P. und/oder L.)

Segenslied (Kinder/L./P./Eltern fassen sich an):

Text: Jürgen Fliege
Melodie: Oskar Gottlieb Blarr

2. Herr, deine guten Hände sind wie ein großer Hut.
Schlagen wird nichts nützen, du wirst mich beschützen.
Wir sind in deiner Hut ...
3. Herr, deine guten Worte sind wie ein großer Hut.
Froh werd ich ihn tragen, allen weitersagen:
wir sind in deiner Hut ...

(Textrechte im tvd-Verlag, Düsseldorf; Musikrechte im StrubeVerlag, München/ Berlin; aus: Fünf Brote und zwei Fische, 1977)

Erinnerungsgeschenk

a) Text von Mk 10 verkleinert Sch. als „Rolle“ mitgeben (Textfassung, z.B. nach I. Baldermann, s. Anlage)

oder

b) Zweifarbige Faltkarte mit der Graphik von H.-G. Anniès zur Kindersegnung und dem Text von Mk 10.
Bestelladresse:
Verlag Junge Gemeinde
Postfach 10 03 55
70747 Leinfelden-Echterdingen
Bestell-Nr. A 101, Mindestbestellmenge: 20 St. à 60 Pf.

(aus: Württ. Ev. Landesverband für Kindergottesdienst, Hg., Er gebe uns ein fröhlich Herz. Überlegungen – Vorschläge – Texte für die Liturgie im Kindergottesdienst, Junge Gemeinde, Leinfelden-Echterdingen, 4. Aufl. 1993, S. 63)

oder

c) E. Nolde, „Christus und die Kinder“, 1910. Vierfarbige Kunstpostkarten können für je DM 1,00 (zzgl. Porto) bestellt werden bei:
Noldestiftung Seebüll
25927 Neukirchen

Weiterarbeit: Das Schutzmantelchristus-Bild sollte nach dem Gottesdienst in der Schule (Eingangshalle, Klassenraum o.ä.) aufgehängt und für einen längeren Zeitraum immer wieder um „Porträts“, Namen oder Nachrichten ergänzt werden. Intention: „Zuflucht bei Christus auch für ...“

Anlage

Kindersegnung

Einmal brachten sie Kinder zu ihm; natürlich waren es Frauen, Männer haben anderes zu tun. Ich sehe sie ankommen, an der Hand der Mutter, hüpfend im Wechselschritt oder Wichtiges erzählend, manchmal mit fragendem Blick nach oben, die Kleineren noch auf dem Arm, die Großen eher auf Distanz, und was für Gesichter: Offene Kinderaugen, die mit ernster Neugier Ausschau halten, aber auch Gesichter, in denen viel zu frühe Entbehrungen ihre Spuren hart eingegraben haben. Aber es ist nicht leicht, zu ihm zu kommen: Erst einmal sind da die Jünger; täglich reden sie mit ihm, und doch sind sie ganz anders als er. Nein, sagen sie, macht euch nicht lächerlich; mit Kindern zu spielen hat er keine Zeit.

Wie leicht ist es, Menschen zu entmutigen, die Hoffnung zu zertreten, die sich gerade zaghaft regte. Und was denken jetzt die Kinder? Aber sie kennen das: Männer, die ihre Mütter beschimpfen. Doch was sie nicht kennen: Einer kommt auf sie zu, zornig auch er, aber er fährt nicht sie an, sondern die Abweisenden: Was soll das! Habt ihr denn nichts begriffen? Noch immer nicht? Für wen soll denn das Reich Gottes kommen, wenn nicht für diese Kinder? Und ihr: Wenn ihr nicht anders werdet, so wie die Kinder, dann werdet ihr nie dahin kommen, wo das Reich Gottes beginnt!

Und dann sieht er die Kinder an, ganz überwältigt: Wie gut, sagt er, daß ihr da seid, wie schön, daß ihr zu mir kommt! Und er fragt sie und redet mit ihnen, und sie staunen: Was ist das für ein Mann! Die Kleinen lassen die Mutter los und suchen seine Hand, alle wollen ihn auf einmal anfassen und umarmen, und er – lacht er oder weint er? – streichelt sie und nimmt sie in seine Arme und drückt sie an sich, und dann läßt er sie wieder gehen, und jetzt haben sie wirklich viel zu erzählen.

(aus: I. Baldermann, Der Himmel ist offen. Jesus aus Nazareth: Eine Hoffnung für heute, Kösel/Neukirchener, München/Neukirchen-Vluyn 1991, S. 76f)

4 Neues Leben unterm Regenbogen (Noah – Schöpfung – Erntedank)

Kurzinhalt:
- Lied „Ein bunter Regenbogen“ (1)
- Begrüßung
- Psalm 27
- Lied „Ein bunter Regenbogen“ (2)
- Gespräch zum „Regenbogen“
- Gedicht „Ein Regenbogen, komm und schau!“
- Lied „Ein bunter Regenbogen“ (3)
- Noah – Erzählung der Taube, begleitet von Liedern, Aktion und Gespräch
- Aktion: Gottes gute Schöpfung schonen
- Spiellied „Regenbogen, Hoffnungszeichen“
- Kurzansprache
- Fürbitten – Vaterunser
- Kanon „Ich bin bei euch alle Tage“
- Segen

Thematisches Stichwort

Das Farbspiel des Regenbogens, aus der Brechung von Sonnenlicht im Wasserschleier des Regens gebildet, ist faszinierendes Naturschauspiel und Symbol zugleich.

Als Symbolzeichen steht der Regenbogen für:

- die Verbindung von Himmel und Erde
- den Bund zwischen Gott und den Menschen (Gen 9,9ff)
- Leben (Sonne bricht durch Wolken und Dunkelheit)
- Schutz Gottes und Gemeinschaft (unter dem Bundes- und Lebenszeichen leben – der Bogen schließt alle/alles ein).

Dieser Entwurf und der in Band 2, Nr. 9, heben darauf ab, daß Leben unter dem Bundes- und Hoffnungssymbol (bei aller grundsätzlichen Bedrohung) im Zeichen der Bewahrung und immer neuer Anfänge und der Verantwortung für Gottes gute Schöpfung steht.

Biblischer Bezug

Noah-Erzählung (Gen 6–9 i.A.)

Zentrale Idee

Die Noah-Geschichte wird aus der Sicht einer Taube erzählt und durch Aktionen (Beispiele für Zerstörung und Bewahrung der Schöpfung werden in den Regenbogen eingefügt) begleitet (s.u.).

Bezug zum Unterricht

Der Schulgottesdienst wird primär von Schülern des 4. Jahrgangs verantwortet, für die „Noah“ Lehrplangegenstand ist (s. Religionsunterricht praktisch 4, 2. Aufl., S. 163ff).

Der Entwurf ist jedoch so angelegt, daß auch Sch. anderer Jahrgangsstufen in das Thema einbezogen bzw. an der Gestaltung beteiligt werden können.

Vorzubereiten/zu organisieren sind:

- Regenbogen (s. technische Vorarbeiten)
- Taube (z.B. Stofftier von Sigikid, ca. 12 cm hoch und ca. 12 cm lang, DM 79,00), die an einem Stab/Angel mit Angelseide geführt werden kann
- Pappstreifen mit Beispielen für Zerstörung bzw. Bewahrung der Schöpfung (s.u.)
- Requisiten zum Bau der Arche (z.B. Stühle, Dachlatten, Decken/Tücher ...)
- Tiere, z.B.
  - Schweine → Nachthemd mit Kissen auspolstern
  - Hunde/Katzen → Masken aus Papier/Tonpapier
  - Käfer → Karnevalskostüm
  - Schmetterlinge → Flügel aus Pappe/Tonpapier

  etc.

Technische Vorarbeiten

Regenbogen:
Möglichkeit 1: Tapete (mehrere Bahnen zusammenkleben), ca. 200 cm x 300 cm), Plakafarbe
Möglichkeit 2: Bettuch
Möglichkeit 3: Styropor
Möglichkeit 4: Bogen aus farbigen Blättern (ca. DIN-A-5), die auf Karton o.ä. geklebt werden, herstellen

Farbfolge (von oben nach unten):
- Rot
- Orange
- Gelb
- Grün
- Blau
- Indigo
- Violett

Erinnerungsgeschenk:
Dünne Baumscheiben aus (Birken-)Holz, ca. 3–5 cm Durchmesser (vgl. Religionsunterricht praktisch 4, 2. Aufl., S. 56), werden in den Farben des Regenbogens wahlweise mit folgenden Motiven (mit Filzstift/Plakafarbe oder Wasserfarbe) bemalt:
- Regenbogen
- Konzentrische Kreise
- Schnecke
- Baum o.ä.

Vor Behandlung mit Klarlack Loch in die Scheibe bohren und Wollfaden durchziehen.

Verlauf

Lied: „Ein bunter Regenbogen“, Strophe 1 (s. Religionsunterricht praktisch 2, S. 168 und Religionsunterricht praktisch 4, 2. Aufl., S. 55)

Begrüßung

Psalm

Psalm 27

Gott ist mein Licht,
wenn es finster ist.
Er ist mein Schutz,
wenn ich Angst habe.
Vor wem sollte ich mich fürchten?
Vor den Menschen? Vor dem Alleinsein?
Gott ist stärker.
Gott ist bei mir.
Verlaß mich nicht,
zeige mir meinen Weg, begleite mich.
Wenn du bei mir bist, habe ich Mut.
Wenn du mir hilfst, bin ich stark.
Du, Gott, bist mein Licht, wenn es finster ist,
und mein Schutz in der Nacht.
Ich danke dir,
daß du mir hilfst.

(nach Ps 27, aus: Heidi und Jörg Zink, Wie Sonne und Mond einander rufen, Kreuz Verlag, Stuttgart 1980)

Liedstrophe „Ein bunter Regenbogen“, Strophe 2

Ausgangsbild „Regenbogen“
Sch. erzählen zum Regenbogen – Ergänzende Hinweise des L./P. (Regenbogen = Brechung von Wasser/Regen im Sonnenlicht – Regenbogen = Friedenszeichen, Zeichen des Bundes zwischen Himmel und Erde/Gott und Menschen ...)

Gedicht

Ein Regenbogen, komm und schau!
Rot und orange, gelb, grün und blau?
So herrliche Farben kann niemand bezahlen,
sie über den halben Himmel zu malen.
Ihn malte die Sonne mit goldener Hand
auf eine wandernde Regenwand.

(Lied: Ein bunter Regenbogen [Nr. 50203], Text: Rolf Krenzer, Musik: Ludger Edelkötter, aus: Biblische Spiellieder aus Haiti [IMP 1015], Rechte: Impulse-Musikverlag, 48317 Drensteinfurt)

Liedstrophe „Ein bunter Regenbogen“, Strophe 3

Einführung der Taube

L./P. führt die Taube (s.o.) ein, aus deren Sicht die Noah-Geschichte erzählt wird.

Erzählung der Taube (1)

Wir Tauben haben wache Augen und scharfe Sinne. Wenn wir hoch in den Lüften treiben, ist Zeit zum Nachdenken und Träumen.
Manchmal träume ich stundenlang. Ich träume, wie schön die Welt ist, die Gott für uns Tiere und die Menschen gemacht hat. Ich träume,

- wie Sterne nachts am Himmel funkeln
- wie der Flieder duftet
- wie zart ein Spinnennetz gewoben ist
- wie verläßlich das Herz einer Eidechse schlägt
- ...

Doch die Menschen zerstören, was Gott ihnen anvertraut hat:

Aktion (1): Sch. decken mit Pappstreifen (s.o.) oder beschrifteten dunklen Folienstreifen (s.o.) z.T. den Regenbogen zu:

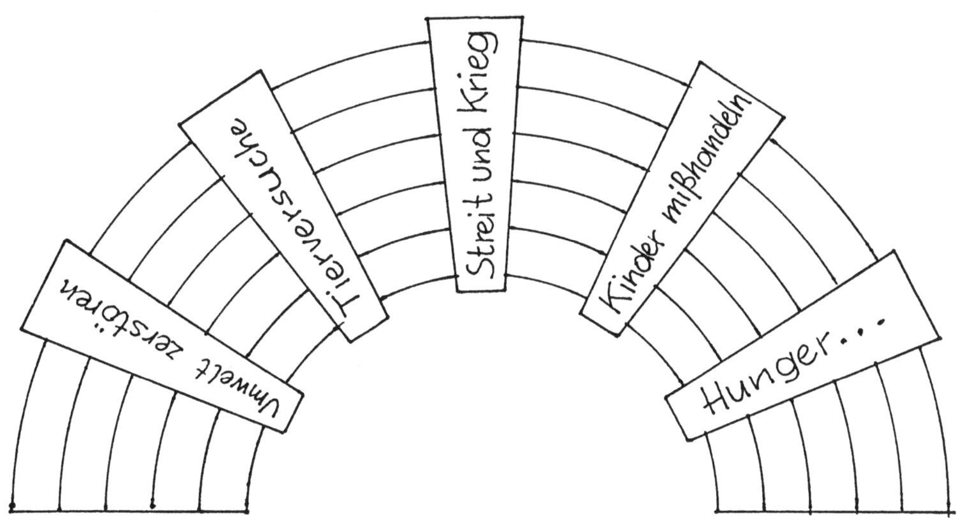

Erzählung der Taube (2)

Gott war traurig über die Menschen. Sie waren im Begriff, sich selbst und ihre schöne Welt zu zerstören.
Nur ein Mensch war anders als die anderen Menschen: Noah. Noah war gut. Er schonte Gottes gute Schöpfung.
Noah sollte das Leben retten:

- das Leben der Tiere
- das Leben der Menschen
- das Leben der Pflanzen.

Neues Leben sollte von Noah ausgehen – Leben für eine neue und bessere Welt.

Lied: „Nach dieser Erde wäre wohl keine“ (s. Schwerter Liederbuch, Nr. 300)

Erzählung der Taube (3)

Axtschläge weckten mich aus meinen Träumen. Was war das? Neugierig flog ich den Geräuschen nach ...

(Axt- und Hammerschläge, Sägegeräusche imitieren)

Von einem hohen Baum aus konnte ich alles gut beobachten: Noah und seine Söhne schlugen Holz und bearbeiteten es. Doch was sollte das werden? Wozu dienten all die Bohlen, Balken und Bretter?
Jeden Tag flog ich jetzt zu meinem Aussichtsbaum. Ich wollte wissen, was Noah vorhatte.

(Sch. legen aus einigen Latten die Umrisse eines Schiffes)

Und dann sah ich, was Noah aus den Hölzern baute: ein Boot! Doch was wollte er mitten auf dem Festland mit einem Boot?
Viele Monate dauerte es; dann war das Schiff fertig.
Eines Tages winkte mir Noah zu. Ich flog zu ihm hinunter, und er erklärte mir das Geheimnis seiner Arche: „Gott will sterben lassen, was seine Schöpfung kaputtmacht. Ich aber soll leben. Ich und meine Frau und meine Söhne und deren Frauen und je ein Pärchen von allen Tieren sollen in dieses Rettungsboot, wenn die große Flut kommt und Wasser die Erde bedeckt."
Und Noah lud auch mich in die Arche ein. Viele Tiere hockten schon in der Arche: Löwen und Zebras, Schildkröten und Mäuse und viele andere.

Lied: „Kommt geschwind ..." (s. Religionsunterricht praktisch 4, 2. Aufl., S. 53)

(Während des Liedes ziehen die als Tiere verkleideten Kinder in die Arche ein.)

Gespräch
Was noch mit in die Arche muß ...
Was lebenswichtig ist ...
Was für das neue Leben gebraucht wird ...

(Gegenstände oder Bildkarten in das Schiff legen)

Erzählung der Taube (4)

Schließlich gingen auch Noah und seine Familien an Deck. Der Regen brach los (ggf. mit Nägeln der mittleren Finger das Regengeräusch von allen Kindern imitieren lassen). Flüsse überschwemmten das Land. Alles Leben ertrank in dem unendlichen Meer. Doch Noah und alle, die mit ihm in der Rettungsarche waren, überlebten die Flut.
Nach vielen Wochen hörte der Regen auf, und die Fluten sanken. Noah wartete noch eine Weile, dann öffnete er eine Luke und schickte mich auf einen Erkundungsflug. Doch noch bedeckte Wasser die Erde. Ich kehrte in die Arche zurück. Noah wartete eine Woche, dann ließ er mich noch einmal hinausfliegen. Diesmal war mein Flug nicht vergeblich. Sträucher und Bäume erwachten zu neuem Leben. Der frische Ölzweig in meinem Schnabel zeigte Noah, daß neues Leben begonnen hatte.

Lied: „Kommt heraus" (s. Religionsunterricht praktisch 4, 2. Aufl., S. 55)

(Während des Liedes verlassen die „Tiere" die Arche.)

Erzählung der Taube (5)

Als wir Tiere mit Noahs Familie das Rettungsschiff verließen, leuchtete über uns ein bunter Regenbogen. Es war, als ob er uns sagen wollte:

- Ich verbinde Himmel und Erde
- Ich umspanne Gottes gute Schöpfung mit einem Friedensband
- Wie ein Schutzzeichen stehe ich über der Erde – heute und alle Zeit.

Aktion (2): Sch. drehen die Papp- bzw. Folienstreifen (s. Aktion 1) um, so daß die Negativbotschaften in positive Aussagen verwandelt werden: z.B. statt „Umweltzerstörung": „Umwelt schonen" etc.

Lied „Regenbogen, Hoffnungszeichen" (Kanon zu 4 Stimmen und Vers 1)

(aus: kinder, kinder – wer liegt denn da im eis, © Strube Verlag, München/Berlin. Text Vers2: Friedensbrücke ohnegleichen, die die ganze Welt verbindet. Regenbogen, Dach aus Segen, unter dem sich Liebe findet.)

Aktion (3): Sch. bewegen sich zum Lied mit ihren farbigen Bändern (Kreppapier, ca. 10 cm x 100 cm, in den Farben des Regenbogens).

Kurzansprache

Fürbitten

Gott, am Himmel steht dein Regenbogen.
Er ist wie eine bunte, frohe Brücke
von dir zu uns.
Du erinnerst uns an dein Versprechen:
Du willst immer zu uns halten,
immer bei uns sein.
Du wirst die Welt nicht vernichten,
obwohl wir Menschen deine Welt zerstören,
obwohl wir Menschen
die Flüsse und Meere vergiften,
die Luft verpesten,
den Tieren und Pflanzen schaden,
immer weiter Kriege führen,
andere Menschen unterdrücken,
ausbeuten, einsperren
und ihrer Freiheit berauben.
Trotz allem steht dein Regenbogen am Himmel.
Trotz allem erinnerst du uns immer wieder
an dein Versprechen,
die Welt nicht zu vernichten,
immer zu uns zu halten
und immer bei uns zu sein.
Danke, guter Gott!

(Rolf Krenzer, aus: Rolf Krenzer, Hg., Halte zu mir heute, guter Gott, Lahn-Verlag, Limburg 3. Aufl. 1993, S. 178)

Vaterunser

Schlußlied

(Quelle: W. Longardt, „Du bist unter uns“, Gütersloher Verlagshaus Gerd Mohn)

oder: „Der Himmel geht über allen auf ..."

Segen

Erinnerungsgeschenk
Holzanhänger (s. Technische Vorarbeiten)

Zur Weiterarbeit: Falls der Regenbogen aus Tapete/Styropor oder farbigem Taft hergestellt wird und folglich transportabel ist, wird empfohlen, ihn nach dem Gottesdienst in der Schule an sichtbarer Stelle aufzuhängen. Sch. können so auch in den nächsten Wochen den Regenbogen „vervollständigen" und in ihn einbauen, was/wen sie schützen bzw. geschützt wissen wollen.

Alternative/ergänzende Lieder

„Jeder Teil dieser Erde ...", in: Menschenkinderlieder, Nr. 34

G. Watkinson, Hg., 111 Kinderlieder zur Bibel:
Nr. 4: „Herr Noah baute einst ein Schiff" (Spiellied)
Nr. 16: „Bau ein Schiff, Noah!"
Nr. 17: „Gott spricht: Noah, bau ein Schiff ..."
Nr. 18: „Die Sintflut". Ein Kreisspiel für Kinder mit Ansinglied, Lied der Arche Noah, Flutkanon, Lied von der Errettung, Regenbogenlied und Loblied
Nr. 20: „Leuchte, bunter Regenbogen"
Nr. 21: „Als Noah aus dem Kasten sprang"

„Solange die Erde noch steht ...", in: F.K. Barth, Hg., Geh aus, mein Herz ..., Beratungsstelle für Gestaltung von Gottesdiensten, Frankfurt/M. 1989, Nr. 84

„Den Regenbogen hat Gott in die Wolken gestellt", in: K. Schilling, Symbole erleben, Katholisches Bibelwerk, Stuttgart 1991, S. 124

„Leben ist heilig ...", in ders., S. 125

„Vom Aufgang der Sonne ...", in: Mein Kanonbuch, Nr. 423

5 „Laudato si ..." – Die Schöpfung loben

Kurzinhalt:
- Begrüßung
- Lied „Laudato si", 1–3
- Psalm 104 bzw. 65
- Lied „Laudato si", 4–6
- Überleitung
- „Der Sonnengesang" – Vermittlung mit Symbolen
- Lied „Guten Tag, Schwester Sonne"
- Gemeinschaftsaktion: Die Erde mit Leben füllen
- Kurzansprache
- Spiellied „Er hält die ganze Welt in der Hand"
- Fürbitten – Vaterunser
- Kanon „Vom Aufgang der Sonne"
- Segen

Thematisches Stichwort

„Laudato si ..." = „Gepriesen seist du ...", ist nicht nur Ostinato in Franziskus' „Sonnengesang" (1224/25), sondern zugleich auch Credo und Lebensmaxime des sonderbaren Heiligen aus Assisi/Umbrien.

Die Armut wählt dieser „poverello" und „Christus des Mittelalters" zur Schwester für ein Leben zum Lobe Gottes.

Alles ist Geschenk. Die ganze Natur, den gesamten Kosmos, alle Elemente begreift er als Spiegel der Größe und Herrlichkeit des Schöpfers. Deshalb sieht er in jedem Geschöpf Bruder und Schwester, liebt er Tiere, Pflanzen und Blumen als Teil der guten Schöpfung Gottes. Den Vögeln (die schon vor 800 Jahren in Italien gefangen und verspeist wurden), so erzählt es eine der zahlreichen Franziskus-Legenden, hält er eine kleine Predigt, eine „Vogelpredigt".

Dieser Entwurf berücksichtigt den „Sonnengesang", ein weiterer Entwurf in Bd. II darüber hinaus auch die „Vogelpredigt".

Biblischer Bezug

Schöpfung
(Ernte)Dank
Christusnachfolge

Zentrale Idee

Nach der Vorstellung des Sonnengesangs füllen (alle/einige) Schüler die Erde (= 4 Puzzleteile = 4 Elemente) mit dem, was in dem jeweiligen Element lebt (Wasser = Fische etc.). – Aspekt: Zusammengehörigkeit und Vernetzung.

Bezug zum Unterricht

Eine den Schulgottesdienst vorbereitende Sachbegegnung mit Franz von Assisi (1182–1226) kann – je nach Altersstufe und Gruppengröße – in folgender Weise organisiert werden:
- Stuhlkreis – Sch. sprechen zum Titelbild des Buches von A. Bolliger-Savelli/U. Wölfel, Bruder Franz von Assisi – Motiv: Franziskus mit Mäd-

chen inmitten von Tieren. Von dem Bild sollte man sich in einem Copy-Shop eine Farbfolie anfertigen lassen. Nachstehend eine Umrißskizze:

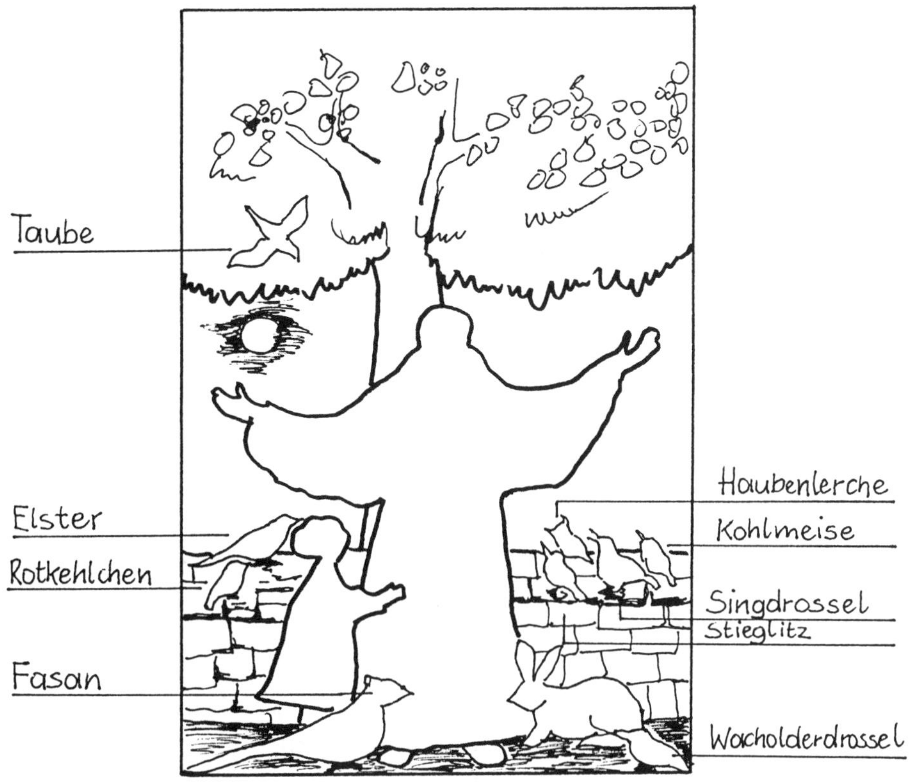

Aspekte der Bildbetrachtung:
- der Mann im Zentrum – ein Mönch – einladende, segnende Gebärde;
- das Mädchen, das den Heiligen umfaßt und freundlich zu ihm aufschaut;
- die Vögel (Taube – Elster – Rotkehlchen – Fasan – Haubenlerche – Stieglitz – Meise – Singdrossel), die ohne Scheu die Nähe des Franziskus suchen, sich ihm zuwenden/ihm zuhören.

- Vertiefende Informationen zu Franziskus (je nach Altersstufe):

  1./2. Schuljahr: nach: M. Bernhard-Kress, Das Sonnenlied, Wittig/Kath. Bibelwerk, Hamburg/Stuttgart 1991.
  Inhalt: Vereinfachte Version des Sonnengesangs, mit Lied.

  3./4. Schuljahr: nach A. Bolliger-Savelli/U. Wölfel, Bruder Franz von Assisi, Patmos, Düsseldorf 1987[3].
  Inhalt: Ausführliche Darstellung des Lebens des Franziskus in kindgemäßer Form.

  oder

  W. Fährmann/A. Fuchshuber, Franz und das Rotkehlchen, Echter/St. Gabriel, Würzburg/Mödling/Wien 1990[2].
  Inhalt: Rahmenhandlung (ein Junge fängt ein Rotkehlchen und hält es in einem Vogelbauer gefangen), die auf das Leben des Franziskus hinführt; kurze Darstellung seines Lebens.

Die Bilder von A. Fuchshuber sind auch als Farbdias verfügbar: Franz und das Rotkehlchen. 19 Farbdias mit didaktisch-methodischen Hinweisen, media nova, Landshut 1990.

Technische Vorarbeiten

Figuren/Elemente zu den einzelnen Strophen des *„Sonnengesangs“* (auf Tonpapier/Pappe o.ä. aufmalen, ca. 50 cm, auf Leiste auftackern):

- Sonne
- Mond und Sterne
- Wind/Wolken
- Wasser
- Feuer
- Erde
- Herz oder Menschen, die sich anfassen

Für die *Gemeinschaftsaktion:*

- Erdkugel aus Puzzle-Teilen (s.u.)
- Symbole vorbereiten, die in Aufnahme der vier Elemente aus dem Sonnengesang den vier großen Erdkugel-Puzzleteilen zugeordnet werden. – Beschreibung s. Entwurf.

Für die *Variante:*

- Für je vier Kinder Puzzle-Teile (grün-gelb-blau-weiß) vorbereiten (zum Umhängen), die – zusammengesetzt – eine kleine Erdkugel ergeben. Modell: siehe *Anlage.*

Verlauf

Begrüßung: „Im Namen ...“ – Thema- Rückverweis auf den Unterricht und die Figur des Franziskus ... – Hinführung zum Lied „Laudato si ...“ = „Gepriesen seist du ...“

Lied „Laudato si ...“, Strophen 1–3 (s. Schwerter Liederbuch, Nr. 300)

Wechselpsalm
Psalm 104 – vgl. Modell „Menschen brauchen nicht nur Brot“

oder

I: Gott, wir staunen:
Freigebig schüttest du deine Gaben aus.

II: Mit Tau und Regen
tränkst du Furchen und Felder.

Alle: Lobsingt, ihr Völker alle, lobsingt und preist den Herrn. (EG 181.6)

I: Durch Sonne und Wind
läßt du Früchte gedeihen.

II: Du segnest das Korn –
Menschen und Tieren dient es als Nahrung.

Alle: „Lobsingt, ihr Völker alle ...“

I: Mit guten Gaben und reicher Ernte
krönst du das Jahr.

II: Wiesen und Hügel singen dein Lied.

Alle: „Lobsingt, ihr Völker alle …“

I: Auch wir stimmen ein
in den Jubel deiner Schöpfung.

II: Danke, guter Gott,
du segnest uns und sorgst für uns.

Alle: „Lobsingt, ihr Völker alle …“

(nach Ps 65, H.F.)

Lied „Laudato si …“, Strophen 4–6

Hinführung zum Sonnengesang (L./P.)

Der Sonnengesang

8 Kinder treten nacheinander mit ihren Figuren/Elementen (siehe Vorbereitung) auf (Halbkreis, zur Gemeinde hin geöffnet).

Kind 1 „Lieber Gott,
wir loben dich und deine Herrlichkeit.
Du bist unser Vater,
zu dir beten wir.“

Kind 2 *(hebt „Sonne“ hoch)*
„Sei gelobt, mein Herr!
Du schenkst uns die Sonne.
Sie gibt uns den Tag mit ihrem
Licht und ihrer Wärme.
Schön ist sie und strahlend in
ihrem Glanz.“

Orff-Akkord

Kind 3 *(hebt „Mond“ und „Sterne“ hoch)*
„Sei gelobt, mein Herr!
Du schenkst uns den Mond
und die Sterne.
Sie stehen am Himmel und
erleuchten die Nacht.“

Orff-Akkord

Kind 4 *(hebt „Wind“ und „Wolken“ hoch)*
„Sei gelobt, mein Herr!

Du schenkst uns die Luft,
den Wind und die Wolken,
den blauen Himmel und jedes Wetter.
So erhältst du deine Geschöpfe."

Orff-Akkord

Kind 5 *(hebt „Wasser" hoch)*
„Sei gelobt, mein Herr!
Du schenkst uns das Wasser,
das wir zum Leben brauchen."

Orff-Akkord

Kind 6 *(hebt „Feuer" hoch)*
„Sei gelobt, mein Herr!
Du schenkst uns das Feuer.
Es leuchtet in der Nacht
und wärmt uns."

Orff-Akkord

Kind 7 *(hebt „Erde" hoch)*
„Sei gelobt, mein Herr!
Du schenkst uns die Erde,
auf der wir leben,
die uns Früchte gibt,
uns ernten läßt und uns
satt macht."

Orff-Akkord

Kind 8 *(hebt „Herz" oder „Menschen, die sich anfassen" hoch)*
„Sei gelobt, mein Herr!
Wir danken dir für alle
Liebe. Laß uns gemeinsam
in Frieden leben."

Orff-Akkord

Kind 1 *wie 1*

Lied „Guten Tag, Schwester Sonne" – s.o.

Aktion: Zunächst werden an einer großen Stellwand vier Puzzle-Teile in den Farben der Elemente (grün = Erde, rot = Feuer, blau = Wasser, weiß = Luft) zu einer Erdkugel (Durchmesser 100 cm – 200 cm) zusammengefügt. (Wo es sich realisieren läßt, könnten sich die Elemente zu leiser Musik im Tanz vorstellen – anschließend Zusammenfügung der Puzzle-Teile).
In einem zweiten Teil kleben die Sch. bank- bzw. klassenweise an entsprechender Stelle ihre vorbereiteten Teile in das Puzzle, z.B.

Erde: Menschen, Landtiere, Früchte, Pflanzen, Blumen, Würmer ...

Feuer: kleine Feuerzungen
Wasser: Fische, Pflanzen ...
Luft: Sonne, Mond, Sterne, Vögel, Wolken, Drachen, Blätter ...

Kurzansprache

Variante (setzt kleinere, ruhigere Gruppen voraus):

Jedes Kind erhält vor dem Gottesdienst ein Teil des jeweils vierteiligen Puzzles (zum Umhängen). Während des Gottesdienstes fügen immer vier Kinder (einer Klasse) ein kleines Puzzle zusammen und finden sich so zu einer Gruppe zusammen. Die Kinder erfahren so Gemeinschaft.

Nach dem Gottesdienst nehmen die Schüler die Puzzleteile mit in die Klassen.

Die während des Gottesdienstes entstandenen Gruppen bleiben während des Tages im Unterricht erhalten, so daß diese Kinder am Tisch zusammensitzen können.

Dadurch, daß die Puzzleteile in die Klassen mitgenommen werden, können die vier Elemente immer wieder neu zusammengefügt und immer neue Vierergruppen gebildet werden.

Lied „Er hält die ganze Welt in der Hand", Strophen 1–4 (s. Religionsunterricht praktisch 4, 2. Aufl., S. 15)

Zum Mitmachen:

Vers 1–3: Die Kinder können Welt, Sonne, Mond und Regen mit den Händen beschreiben. Bei Wind pusten.

Vers 4: ... dich und mich ... : Die Kinder zeigen mit der Hand auf den linken Nachbarn und auf sich, beim Wiederholen auf den rechten Nachbarn und auf sich.

Vers 1–4: ... in der Hand ... : Die Kinder nehmen beide Hände zusammen und halten die Handflächen nach oben.

Refrain: Singt mit uns ... : Die Kinder beschreiben mit ausgestreckten Armen klatschend einen Kreis (= Erde).

(aus: I. Becker u.a., Der Wind. Eine Bilderreihe und Tonbild für Kinder im Vorschulalter, in der Grund- und Sonderschule, für den Kindergottesdienst und die Gemeindearbeit. Begleitheft, S. 32f, av edition, München/Offenbach 1985)

Fürbitten

Danke, guter Gott!
Alle Dinge dieser Erde
sind dein Werk.
Die Tiere auf dem Land,
die Vögel unter dem Himmel
und die Fische im Wasser
sind dein Werk.

Danke, guter Gott!
Wir Menschen sind in deiner Hand:
die großen und die kleinen,
die fröhlichen und die traurigen.

Danke, guter Gott!
Das Leben ist herrlich.
In deiner Hand fühlen wir uns
warm und geborgen.
Du sorgst für uns und liebst uns
wie Vater und Mutter.
Amen.

(aus: Beratungsstelle für Gestaltung von Gottesdiensten, Hg., Liturgie im Kindergottesdienst, [Materialheft Nr. 45], Frankfurt/M. 1985, S. 221)

Vaterunser

Kanon: „Vom Aufgang der Sonne ...“ (s. EG Nr. 450)

Segen

Anlage

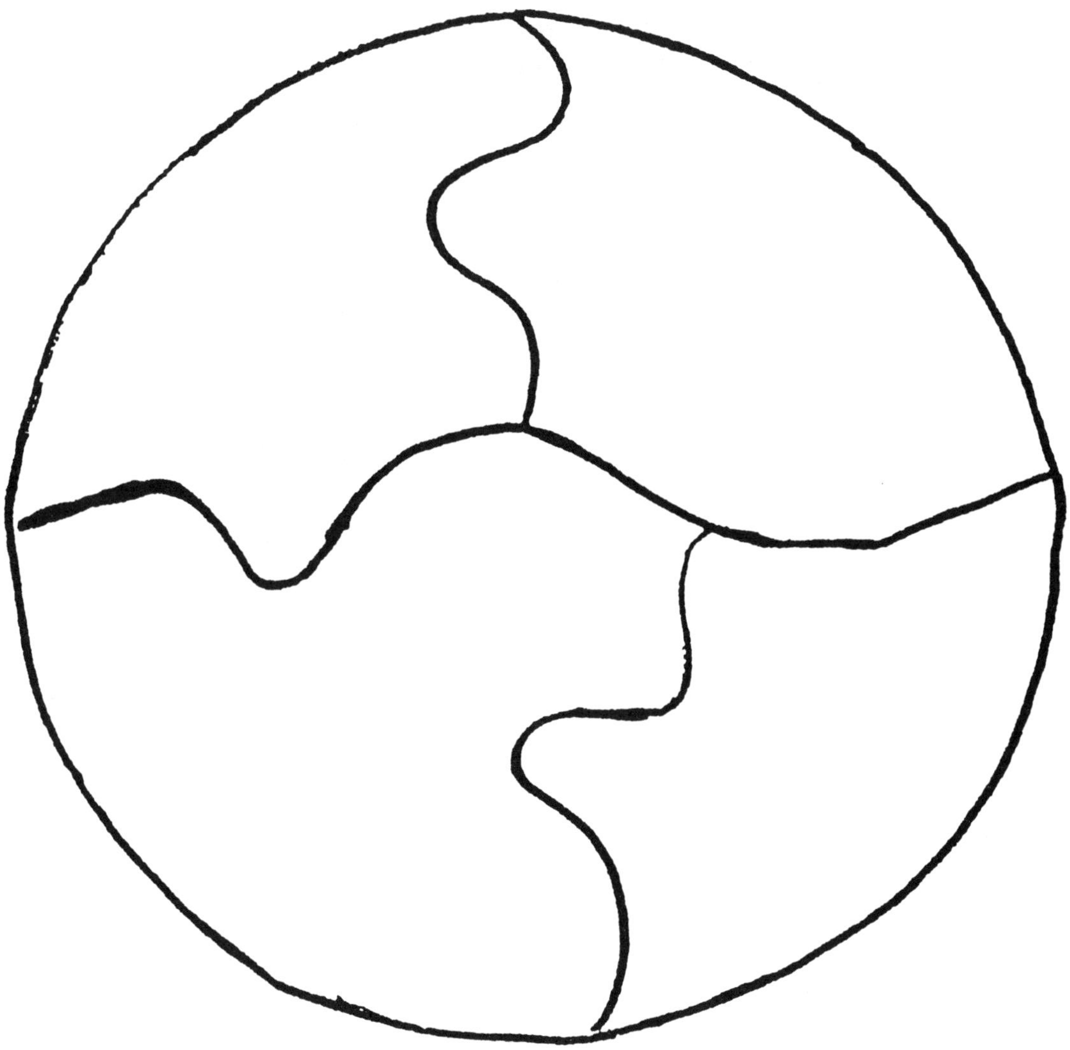

6 Menschen brauchen nicht nur Brot
– Vom Sammeln und Teilen –

Version I

Kurzinhalt
- Begrüßung
- Lied „Du hast uns deine Welt geschenkt“ (1–3)
- Psalm 104
- gelenktes Gespräch: Menschen brauchen nicht nur Brot
- Erzählung „Frederick“, mit dem Schwerpunkt „Sonnenstrahlen“, begleitet durch Lieder und Bewegungsspiele
- Aktion: Ein Gemeinschaftsbild aus (beschrifteten) Sonnenstrahlen entsteht
- Lied „Gottes Liebe ist wie die Sonne“
- Zusammenfassung
- Fürbitten – Vaterunser
- Segenslied „Segne uns mit der Weite des Himmels“

Version II

Kurzinhalt
- Eingangsteil s. Version I (ohne Höhle und Wort-/Symbolkarten)
- Spiel: „Frederick“, begleitet durch Lieder
- Kurzansprache
- (Schlußteil: s. Version I):
- Lied „Gottes Liebe ist wie die Sonne“
- Fürbitten – Vaterunser
- Schluß- oder Segenslied
- Segen

Version III

Kurzinhalt
- Eingangsteil s. Version I (ohne Höhle- und Wort-/Symbolkarten)
- Erzählung „Frederick“
- Gespräch oder Deutung
- Lied „Gottes Liebe ist wie die Sonne“
- Fürbitten – Vaterunser
- Segen

Thematisches Stichwort

Die Zeit um „Erntedank“ bietet sich zu einer elementarisierten Besinnung auf unsere Lebensgrundlagen an. „Brot“ (im weitesten Sinne) gehört dazu. Und doch geht Leben nicht in Essen, Trinken und materiellen Gütern auf, leben Menschen nach christlicher Überzeugung „nicht vom Brot allein“ (Mt 4,4). Wir brauchen Körner, aus denen Brot wird und wärmende, hellmachende Sonnenstrahlen. „Sonnenstrahlen“ sind Metapher für Freunde, für Geborgenheit, für Gottes unerschöpfliche Liebe.

Biblischer Bezug

Schöpfung (Gen 1 u. 2 – Ps 104 u.ö.)
4. Bitte des Vaterunsers („Unser tägliches Brot“ ...)
Gebet (Bitten und Danken)
Mt 6,24ff („Seht die Vögel unter dem Himmel“ ...)

Zentrale Idee

Zentral- und Identifikationsfigur dieses Entwurfs ist Lionnis „Frederick“. Eine Veränderung bzw. Kürzung scheint jedoch vor allem im Schlußteil unerläßlich. Daß „Mäuse im Himmel“ die Verantwortung für die Jahreszeiten tragen, ist theologisch und pädagogisch schwer zu ertragen.
Welche zentrale Idee in den Mittelpunkt des Gottesdienstes gestellt wird, hängt von der gewählten Version der Darbietung ab:

Version 1: bestimmt Fredericks Sonnenstrahlen (Farben und Wörter bleiben hier unberücksichtigt) als Folie für die immateriellen Güter, die unser Leben erst tief und lebenswert machen und als Symbol für Gottes Liebe.
Version 2: verwebt das Schöpfungslob mit den Aspekten des Staunens, der Erinnerung und der vorausweisenden Hoffnung.
Version 3: parallelisiert die materiellen und immateriellen Güter.

Bezug zum Unterricht

Die inhaltliche Vorbereitung kann von jedem der o.g. biblischen Bezüge her angelegt werden (vgl. Religionsunterricht praktisch):

- Bd. 1, 9, S. 135ff („Gottes Schöpfung entdecken“)
- Bd. 4, 1, S. 7ff („Schöpfung als Geschenk und Aufgabe“)
- Bd. 4, 6, S. 88ff („Brot des Lebens“)
- Bd. 3, 7, S. 140 („Unser tägliches Brot ...“)
- Bd. 1, 7, S. 109ff („Bitten und Danken“)

Im vorbereitenden Unterrichtsgespräch sollten auch die Themen „sammeln“ (z.B. Brombeeren, Sticker, Bierdeckel, Eicheln für Tiergärten, Erinnerungen, Bilder), „Vorsorge treffen“ (je nach örtlichen Gegebenheiten z.B. Obst einkochen/einfrieren) und „teilen“ (z.B. Spielzeug für Asyl- und Aussiedlerkinder, Schuhe für Peru) angesprochen werden.

Wie immer sind Lieder auszuwählen, Gebetstexte zu formulieren und Zuständigkeiten zu klären.

Die *Nacharbeit* sollte auch dem Aspekt „Hunger in der Welt“ Raum geben.

Technische Vorarbeiten

Inwieweit die technischen Vorarbeiten auch von der den Gottesdienst planenden Klasse geleistet werden, hängt von den lokalen Bedingungen ab.

Benötigt werden (je nach gewählter Version):

- 2 Stellwände o.ä.
- Korb mit Inhalt und Tuch
- Wort-/Bildkarten
- brauner Karton oder Flanelltuch oder Jute oder Kartoffelsack
- Requisiten aus Tonpapier (Sonnenstrahlen/Farben etc.)
- Sonnenscheibe und Strahlen für Gemeinschaftsbild
- Stifte und Dekonadeln bzw. Doppelklebestreifen (zur Befestigung der „Strahlen“ auf dem Gemeinschaftsbild)
- ggf. Orff-Begleitung zur Frederick-Erzählung

- als Kulisse u.U. Strohballen, Korngarben, Kartoffeln
- Erinnerungsgeschenke
- Fredericks „Sonnenstrahlen“ (S. 11)

Verlauf

Version I

Vorspiel

Begrüßung und Erläuterung des Themas

Lied, z.B. „Du hast uns deine Welt geschenkt“, Strophen 1–3 (s. Religionsunterricht praktisch 1, S. 148)

Wechselpsalm

Gott, du bist groß.
Du bist schön wie die Sonne
und weit wie der Himmel.
Himmel und Erde hast du geschaffen.
Wie ein Zeltdach spannst du den Himmel aus.
Wie unter einem schützenden Dach steht die Erde.
Fest ist sie gegründet in den Wassern der Meere.
Du läßt das Gras für die Tiere wachsen.
Pflanzen, die wir Menschen anbauen,
läßt du gedeihen,
damit die Erde uns Nahrung gibt.
Den Mond hast du gemacht,
das Jahr danach einzuteilen.
Den Lauf der Sonne hast du geordnet,
so daß es Tag und Nacht wird.
Gott, wie groß und zahlreich sind deine Werke!
Alles hast du weise geordnet.
Danke, guter Gott,
du Schöpfer der Welt.

(nach Ps 104)

Musikalisches Zwischenspiel

Gespräch: L./P. zeigt einen verhüllten Korb und läßt Sch. Vermutungen über dessen Inhalt anstellen (vgl. hierzu RU praktisch 3, S. 140).
Er/Sie schreibt/malt die von den Sch. genannten Inhalte in Auswahl auf Wort(Bild)karten und heftet diese an den linken Rand eines ca. 140 cm x 120 cm großen Kartons (braun)/Flanelltuches/Jutestoffes/Kartoffelsackes. Der auf eine Stellwand o.ä. zu montierende Untergrund (Karton etc.) sollte die Umrisse einer „Höhle“ in einer Mauer bekommen.

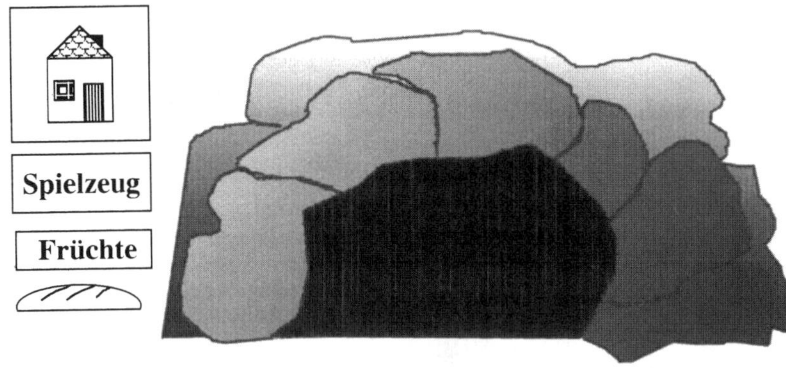

L./P. verweist auf die Lebensnotwendigkeit von Brot, von Essen, Trinken und Kleidung.

Vertiefung: „Auch Jesus hat gewußt: Brot ist lebenswichtig (ggf. Hinweis auf die „Speisung der 5000"). Und doch sagt er einmal: ‚Brot allein reicht nicht. Menschen brauchen mehr als Brot.' Was meint Jesus damit?"

Sch. suchen Antworten (z.B. Freunde – Liebe – Musik – ggf. ergänzender Hinweis: ...Was man nicht für Geld kaufen kann). – L./P. überträgt die genannten Begriffe auf Wort(Bild)karten, die am rechten Rand der Stellwand angebracht werden.

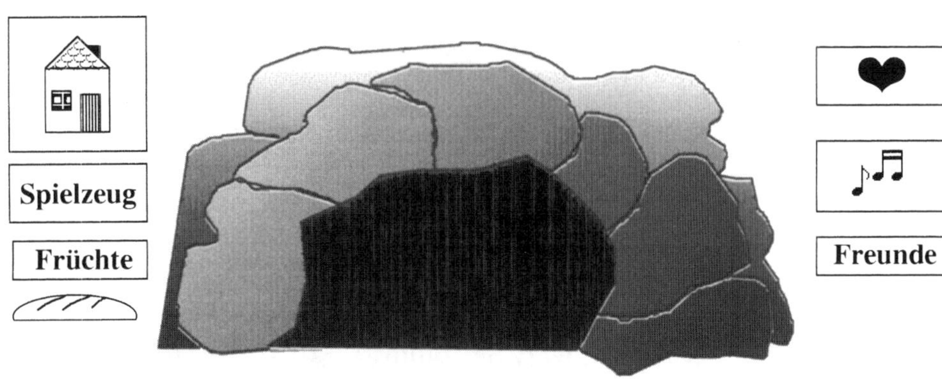

Lied: „Du hast uns deine Welt geschenkt", Strophen 4 und 9 (s.o.)

Darbietung der Frederick-Erzählung

Verbindende Worte: „Brot allein reicht nicht", hat Jesus gesagt. Und wir haben herausgefunden: Wir brauchen zum Leben auch Freunde und Liebe und ...

Davon erzählt auch die folgende Geschichte. Ihre Hauptpersonen sind fünf kleine Feldmäuse: Eines dieser Mäuschen heißt „Frederick".

Erzählung Teil I:

Frederick (Leo Lionni)

„Rund um die Wiese herum, wo Kühe und Pferde grasten, stand eine alte, alte Steinmauer. In dieser Mauer – nahe bei Scheuer und Kornspeicher – wohnte eine Familie schwatzhafter Feldmäuse.

Aber die Bauern waren weggezogen, Scheuer und Kornspeicher standen leer. Und weil es bald Winter wurde, begannen die kleinen Feldmäuse, Körner, Nüsse, Weizen und Stroh zu sammeln."

Gestaltung: L./P./Sch. heftet vorbereitete Wort(Bild)karten in den linken Teil der „Höhle".

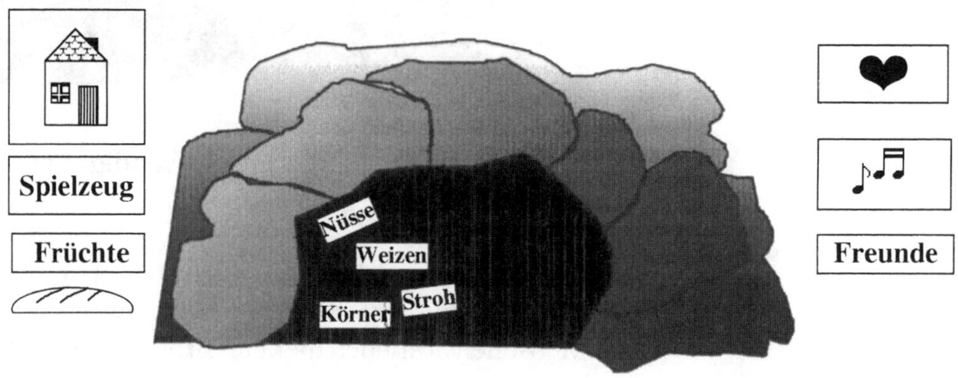

Lied:

Text: Heim Meurer
Melodie: Gerhard Kloft

* ersetzen durch: Mäuse
** ersetzen durch: piepen
*** ersetzen durch: einen

(aus: 111 Kinderlieder zur Bibel, Christophorus-Verlag/Verlag Ernst Kaufmann, Freiburg/Lahr, S. 58)

Erzählung Teil II:

„Alle Mäuse arbeiteten Tag und Nacht. Alle – bis auf Frederick. ‚Frederick, warum arbeitest du nicht?‘ fragten sie. ‚Ich arbeite doch‘, sagte Frederick, ‚ich sammle Sonnenstrahlen für die kalten, dunklen Wintertage‘.“

Gestaltung: L./P./Sch. heftet Wort(Bild)karten „Sonnenstrahlen“ in die Höhle (rechte Seite).

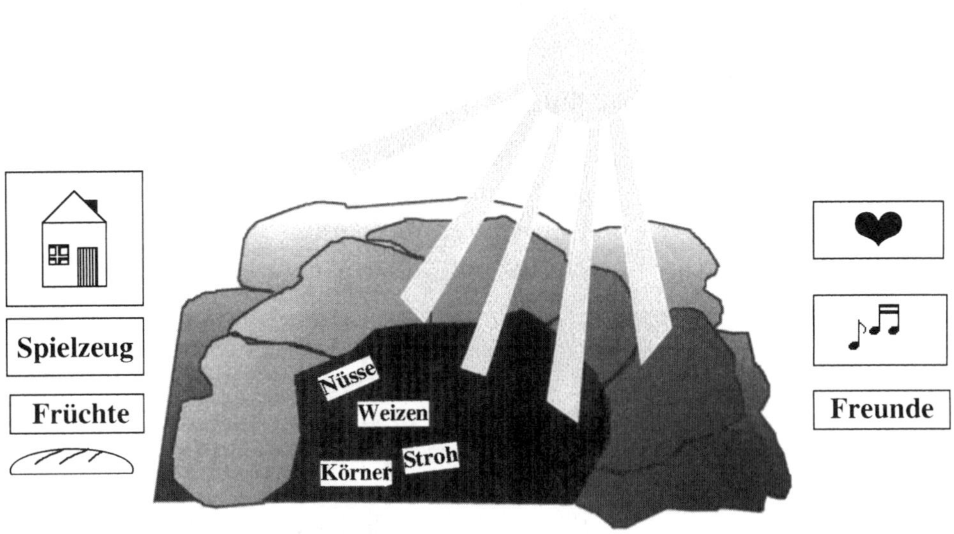

Bewegung: Alle Sch. „fangen“ mit den Händen „Sonnenstrahlen“ ein.

Erzählung Teil III:

„Als nun der Winter kam und der erste Schnee fiel, zogen sich die fünf kleinen Feldmäuse in ihr Versteck zwischen den Steinen zurück. In der ersten Zeit gab es noch viel zu essen, und die Mäuse erzählten sich Geschichten über singende Füchse und tanzende Katzen. Da war die Mäusefamilie ganz glücklich.“

Lied: „Wir teilen die Äpfel aus ...“, Strophen 1–3 (s. Religionsunterricht praktisch 2, S. 61)

Erzählung Teil IV:

„Aber nach und nach waren fast alle Nüsse und Beeren aufgeknabbert, das Stroh war alle, und an Körner konnten sie sich kaum noch erinnern. Es war auf einmal sehr kalt zwischen den Steinen der alten Mauer, und keines wollte mehr sprechen.“

Bewegung: Sch. simulieren „frieren“.
Gestaltung: L./P./Sch. *entfernt* alle Wort(Bild)karten.
L./P. Gespräch: Wie kann die Erzählung weitergehen? Erinnert ihr euch noch, was Frederick gesammelt hatte?

Erzählung Teil V:

„Da fiel ihnen plötzlich ein, wie Frederick von Sonnenstrahlen gesprochen hatte. ‚Frederick!‘ riefen sie, ‚was machen deine Vorräte?‘

‚Macht die Augen zu‘, sagte Frederick und kletterte auf einen großen Stein.“

Bewegung: Alle Sch. werden aufgefordert, ihre Augen zu schließen.
Gestaltung: L./P./Sch. heftet die vorbereiteten „Sonnenstrahlen“ wieder an die Höhle.

Erzählung Teil VI:

„‚Jetzt schicke ich euch die Sonnenstrahlen. Fühlt ihr schon, wie warm sie sind? Warm, schön und golden?‘

Und während Frederick so von der Sonne erzählte, wurde den vier kleinen Mäusen schon viel wärmer. Ob das Fredericks Stimme gemacht hatte? Oder war es ein Zauber?“

L./P. bittet Sch., die Augen wieder zu öffnen und die Veränderung der Höhle durch die Sonnenstrahlen wahrzunehmen (ggf. mit TP anstrahlen). Kurze Erläuterung zur Wirkung der Sonnenstrahlen.

Aktion: L./P.: „Fredericks Sonnenstrahlen haben die kleinen, frierenden Mäuse gewärmt und froh gemacht. – Überlegt einmal, was uns wärmt und froh macht, was für uns zum „Sonnenstrahl“ werden kann.“ – L./P. läßt einige Beispiele nennen und fordert dann die Sch. dazu auf, ihre Einfälle auf die am Eingang verteilten Strahlen zu schreiben (z.B. Eltern/ Lehrer/Freunde/ein Ferientag/ein Brief/ein Buch/ein Spaziergang mit den Eltern/Geborgenheit zu Hause ...).

Sch. kommen bankweise nach vorne und heften die beschrifteten „Sonnenstrahlen“ um die Sonnenscheibe, die auf einer zweiten Stellwand angebracht ist.

Betrachten des Sonnenstrahlenbildes – Vorlesen ausgewählter Beiträge.

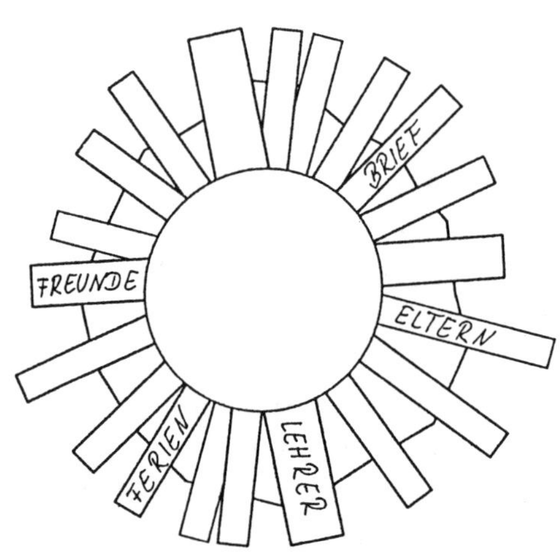

Überleitung: „Ein wichtiger Sonnenstrahl fehlt noch. Achtet einmal darauf, auf wen das nächste Lied das Bild von der Sonne und vom Sonnenstrahl überträgt.“

Lied:

Gottes Liebe ist wie die Sonne

(Text und Musik: Frankfurt /Main 1970; Rechte: Verlag Singende Gemeinde, Wuppertal; aus: Das Liederbuch zum Umhängen, Nr. 33)

Gestaltung: L./P. klärt im Gespräch den Zusammenhang von „Sonne“ und „Gottes Liebe“.
Er/Sie vervollständigt das Sonnenstrahlenbild:

Zusammenfassung: „Wie die Mäuse in Fredericks Familie brauchen wir beides zum Leben: Körner und Brot – aber auch Sonne und Farben, Häuser zum Wohnen und Freunde zum Toben, Wasser zum Trinken und Wörter zum Sprechen.

Jesus sagt: ‚Ihr braucht nicht nur Brot – ihr braucht auch Gottes gute Botschaft und Gottes Liebe. Sie ist wie Sonne. Sie wärmt und tröstet und macht euer Leben hell. Wenn Wolken euern Tag verdunkeln, will Gottes Sonne und Liebe eure Traurigkeit in Freude verwandeln. Gottes Liebe ist wie ein Vorrat, der nie zu Ende geht.'"

(Ggf. Lied „Wir pflügen und wir streuen", EG 508)

Fürbitten (unter Verwendung der Aufschriften auf den Sonnenstrahlen)

Vaterunser

Schlußlied: „Gottes Liebe ist wie die Sonne" (s.o.)

oder

Text: Kinderkirchentags-Team
Musik: Peter Janssens

2. Segne uns mit dem Rauschen der Wälder,
segne uns mit der Ernte der Felder,
segne uns mit der Kraft der Tiere,
himmlischer Vater, segne uns.
Segne, Vater, tausend Sterne,
segne Vater, unsre Erde,
segne Vater, Meer und Land,
segne Vater, Herz und Hand.

3. Segne uns mit den Träumen der Kinder,
segne uns mit der Liebe der Eltern,
segne uns mit den Geschichten der Alten,
himmlischer Vater, segne uns.
Segne Vater, tausend Sterne,
segne Vater, unsre Erde,
segne Vater, Meer und Land,
segne Vater, Herz und Hand.

*(Rechte: Peter Janssens Musik Verlag, Telgte-Westfalen
aus: Kurs: Gottes Erde, 1985)*

Segen

Erinnerungsgeschenk: Kleine Sonne aus Tonpapier, die zu Hause ausgeschnitten, mit der Aufschrift „Gottes Liebe ist wie die Sonne" und einem Umhängeband versehen und verschenkt werden soll (Eltern/Nachbarn/Kranke ...).

Hinweis auf weitere (alternative oder zu ergänzende) Lieder:

„Halte zu mir, guter Gott" (in Schwerter Liederbuch, Nr. 249)

„Alle guten Gaben" (in: Ein frohes Lied, Nr. 42)

„Laßt uns miteinander" (Kanon, in: MenschensKinder Lieder, Nr. 23)

Verlauf

Version II

Eingangsteil wie Version 1:

- Begrüßung
- Lied
- Psalm
- Gespräch (ohne Höhle/Wortkarten/Symbole)
- Lied

Spiel „Frederick“ (s.u.)

Kurzansprache

Schlußteil (s. Version I)

Lied: „Gottes Liebe ...“

Fürbitten

Vaterunser

Schluß- oder Segenslied

Segen

Spiel „Frederick“

Mitspieler: Erzähler
4 Mäuse, unverkleidet
Maus Frederick, unverkleidet

Regiehinweis: Parallel zum Fortgang der Erzählung werden Kulissen (Höhle der Mäuse), Gegenstände (Körner, Nüsse ...) und Symbole (Sonnenstrahlen, Farben aus farbigem Tonpapier reißen und „Wörter“, s.u.) auf die Stellwand (s.o.) aufgebracht.

Erzähler: „Rund um die Wiese herum, wo Kühe und Pferde grasten, stand eine alte, alte Steinmauer. In dieser Mauer – nahe bei Scheuer und Kornspeicher – wohnte eine Familie schwatzhafter Feldmäuse.
Aber die Bauern waren weggezogen, Scheuer und Kornspeicher standen leer.
Und weil es bald Winter wurde, begannen die kleinen Feldmäuse, Körner, Nüsse, Weizen und Stroh zu sammeln.“

1. Maus: „Seht mal, ich habe Eicheln gesammelt!“

2. Maus: „Ich habe ganz viele Körner geholt.“

3. Maus: „Ich habe dieses Strohbündel gebracht, damit wir es warm haben."
4. Maus: „Und ich habe Äpfel und Nüsse gefunden."
Erzähler: „Alle Mäuse arbeiteten Tag und Nacht. Alle – bis auf Frederick."
1. Maus: „Frederick, warum arbeitest du nicht?"
Frederick: „Ich arbeite doch, ich sammle Sonnenstrahlen, Farben und Wörter für die kalten, dunklen Wintertage."
Erzähler: „Als nun der Winter kam und der erste Schnee fiel, zogen sich die fünf kleinen Feldmäuse in ihr Versteck zwischen den Steinen zurück. In der ersten Zeit gab es noch viel zu essen, und die Mäuse erzählten sich Geschichten über singende Füchse und tanzende Katzen. Da war die Mäusefamilie ganz glücklich."

Aktion der Mäuse: Spielen und tanzen

Lied: „Wir teilen die Äpfel aus ..." (s.o.)

Erzähler: „Aber nach und nach waren fast alle Nüsse und Beeren aufgeknabbert, das Stroh war alle, und an Körner konnten sie sich kaum noch erinnern. Es war auf einmal sehr kalt zwischen den Steinen der alten Mauer, und keiner wollte mehr sprechen."
1. Maus: „Alle meine Eicheln sind weg."
2. Maus: „Kein Körnlein ist mehr da."
3. Maus: „Mir ist so kalt."
4. Maus: „Alles haben wir aufgegessen."
1. Maus: „Wo ist denn Frederick?"
Alle Mäuse: „Frederick, was machen deine Vorräte?"
Frederick: „Macht die Augen zu! Jetzt schicke ich euch die Sonnenstrahlen. Fühlt ihr schon, wie warm sie sind? Warm, schön und golden?"
Erzähler: „Und während Frederick so von der Sonne erzählte, wurde den vier kleinen Mäusen schon viel wärmer. Ob das Fredericks Stimme gemacht hatte? Oder war es ein Zauber?"
Mäuse: „Und was ist mit den Farben, Frederick?"
Frederick: „Macht wieder eure Augen zu! Denkt an die blauen Kornblumen und die roten Mohnblumen im gelben Kornfeld. Stellt euch die grünen Blätter am Beerenbusch vor!"

Lied: „Du gabst mir Augen ...", Strophen 1–3 (s. Schwerter Liederbuch, Nr. 301)

Mäuse: „Und die Wörter, Frederick?"
Frederick: „Wer hat die Sonne denn gemacht,
den Mond und all die Sterne?
Das tat der liebe Gott allein,
drum will ich Dank ihm geben.
Wer hat den Baum hervorgebracht,
die Blumen nah und ferne?

Das tat ...
Wer schuf die Tiere, groß und klein?
Wer gab auch mir das Leben?
Das tat ..."

Erzähler: „Als Frederick aufgehört hatte, klatschten alle und riefen: ‚Frederick, du bist ja ein Dichter!' Frederick wurde rot, verbeugte sich und sagte bescheiden:"

Frederick: „Ich weiß es – ihr lieben Mäusegesichter!"

Lied:

Text und Melodie: R.R. Klein

(aus: Gotteslob in der Schule. Erster Teil, S. 45, Rechte: Bonifatius-Verlag, Paderborn)

Lied durch Gesten und Körpersprache untermalen (z.B. „klein", „groß", „Sonne", „Mond", „Sterne" ..., „ich" = auf sich zeigen).
Aussageverstärkend kann es sein, wenn Fragen und Antworten (Refrain) von zwei einander antwortenden Chören gesungen werden.

Verlauf

Version III

Eingangsteil: s. Version II

Erzählung „Frederick" (s.u.)

Gespräch oder Deutung: s. Version I: „Zusammenfassung"

Schlußteil: s. Version II

Frederick

Rund um die Wiese herum, wo Kühe und Pferde grasten, stand eine alte, alte Steinmauer. In dieser Mauer – nahe bei Scheuer und Kornspeicher – wohnte eine Familie schwatzhafter Feldmäuse. Aber die Bauern waren weggezogen, Scheuer und Kornspeicher standen leer. Und weil es bald Winter wurde, begannen die kleinen Feldmäuse, Körner, Nüsse, Weizen und Stroh zu sammeln. Alle Mäuse arbeiteten Tag und Nacht. Alle – bis auf Frederick.

„Frederick, warum arbeitest du nicht?" fragten sie.

„Ich arbeite doch", sagte Frederick, „ich sammle Sonnenstrahlen für die kalten, dunklen Wintertage."

Und als sie Frederick so dasitzen sahen, wie er auf die Wiese starrte, sagten sie: „Und nun, Frederick, was machst du jetzt?"

„Ich sammle Farben", sagte er nun, „denn der Winter ist grau."

Und einmal sah es so aus, als sei Frederick halb eingeschlafen. „Träumst du, Frederick?" fragten sie vorwurfsvoll.

„Aber nein", sagte er, „ich sammle Wörter. Es gibt viele lange Wintertage – und dann wissen wir nicht mehr, worüber wir sprechen sollen."

Als nun der Winter kam und der erste Schnee fiel, zogen sich die fünf kleinen Feldmäuse in ihr Versteck zwischen den Steinen zurück. Sie kuschelten sich eng aneinander und schliefen zuerst einmal ein. Als sie aufwachten und Hunger bekamen, gingen zuerst Mimmi und Anton an ihre versteckten Vorräte und schleppten fünf Haselnüsse zurück in das Versteck. Nun knabberten alle Mäuse eifrig an der Schale, bis sie die Nüsse fressen konnten. Als sie satt und zufrieden schon fast wieder einschlafen wollten, war es Frederick, der nun seine Vorräte austeilte.

„Macht die Augen zu", sagte er und kletterte auf einen großen Stein. „Jetzt schicke ich euch die Sonnenstrahlen. Fühlt ihr schon, wie warm sie sind? Warm, schön und golden?" Und während Frederick so von der Sonne erzählte, wurde den vier kleinen Mäusen schon viel wärmer.

Ob das Fredericks Stimme gemacht hatte? Oder war es ein Zauber?

An einem anderen Tag, als der Hunger die fünf kleinen Mäuse nicht schlafen lassen wollte, krabbelte Ludwig aus dem Versteck in der Mauer und holte für sich und seine Freunde eine prall gefüllte Roggenähre. Damit würden sie ihre hungrigen Mägen füllen können.

Später, als alle Mäuse satt waren, fragte Ludwig: „Und was ist mit den Farben, Frederick, die du für uns gesammelt hast?"

„Macht wieder eure Augen zu", sagte Frederick. Und als er von blauen Kornblumen und roten Mohnblumen im gelben Kornfeld und von grünen Blättern am Beerenbusch erzählte, da sahen sie die Farben so klar und deutlich vor sich, als wären sie aufgemalt in ihren kleinen Mäuseköpfen. Mit herrlich bunten Träumen schliefen die fünf Mäuschen ein, bis Carla sie weckte. Sie hatte schon alles vorbereitet und aus ihrer Vorratskammer viele Bucheckern auf den Tisch gelegt.

Später war Frederick wieder an der Reihe. Aus all den vielen Wörtern, die er zusammengetragen hatte, erzählte er ihnen wunderschöne Geschichten von den Sternen, dem Mond und der Sonne, von den Tieren, den ganz großen und den winzig kleinen und von all den Pflanzen, die so schön blühten und dufteten. Satt und zufrieden legten sich die Mäuschen in ihre Nester zwischen den Steinen und schliefen ein.

So teilten die fünf Mäuse an den kalten, dunklen Wintertagen ihre gesammelten Vorräte miteinander, und jede von ihnen trug dazu bei, daß es in der alten Steinmauer nicht ungemütlich wurde.

Als alle Nüsse und Samen aufgeknabbert waren und auch die letzte Ähre geteilt war, kam der erste Frühlingssonnenstrahl durch eine Mauerritze und kitzelte Mimmi und Anton, Ludwig, Carla und Frederick wach.

(B.V.)

7 „Nun freut euch, lieben Christen gmein“

Kurzinhalt:
- Vorspiel
- Begrüßung
- Lied „Heute, morgen, jeden Tag"
- Psalm 46
- Spielszene 1 (Schulsituation)
- Zwischenspiel
- Spielszene 2: Gott gnädig stimmen (mit Tageslichtprojektor, Folien und Folienstreifen)
- Lied „Nun freut euch, lieben Christen gmein"
- Kurzansprache
- Lied „Nun freut euch, lieben Christen gmein" (Wiederholung)
- Fürbitten – Vaterunser
- Lied „Eine freudige Nachricht breitet sich aus"
- Segen

Thematisches Stichwort

Reformation hat als Gegenstand eines Schulgottesdienstes sein Proprium nicht in der Vergangenheit und nicht in konfessioneller Nabelschau. Ohne die historischen Zusammenhänge zu verschweigen, wird er (auf dem Hintergrund unterrichtlicher Vorarbeit) bemüht sein, evangelischen und katholischen Christen „gmein" die Bedeutung der erneuernden Kraft des Evangeliums vor Augen zu führen:

- Gott bejaht Menschen in all ihrer Unfertigkeit und Unvollkommenheit.
- Menschen sind für ihn mehr wert, als sie leisten.
- Was zerbrochen war, kann heil, erschöpftes Leben erneuert werden.
- Erfahrene Liebe und Vergebung befähigt zur Liebe und zum Vergeben (vgl. Röm 15,7: „Nehmt einander an, wie Christus euch angenommen hat zu Gottes Lob").

So gesehen aktualisiert Reformation stets aufs Neue, was unverzichtbare Grundlage christlichen Glaubens ist und was Menschen sich nicht selber sagen können.

Biblischer Bezug

Übergreifend: Röm 3,21–24

Zentrale Idee

Gott eröffnet Menschen immer wieder neu die Chance zu einem entlastenden Gottes- und Nächstenverhältnis.
Martin Luther hilft den Menschen seiner Zeit (und uns) zu einer erneuerten Sichtweise Gottes als des liebenden, verzeihenden Vaters. Im Modell eines Kirchenfensters wird entfernt, was diese Sicht verstellt.

Bezug zum Unterricht

Bezugs- und Anknüpfungspunkte können generell sein:

- „Evangelisch-Katholisch-Ökumene" (s. Religionsunterricht praktisch 3, S. 35ff)
- „Bibel: Die gute Nachricht weitersagen" (aaO. S. 188)

- „Der verlorene Sohn: Fortgehen und heimkehren“ (s. Religionsunterricht praktisch 2, S. 19ff)

Neben den üblichen Elementen (Liedern, Gebeten etc.) sind im einzelnen vorzubereiten:
Spielszene 1 (Vorlage s.u.) mit folgenden Personen: Erzähler – Kathrin – 4 Freundinnen – Mutter
Spielszene 2 (Vorlage s.u.) mit folgenden Personen: Bußprediger – 3 Männer – 3 Frauen – Reisender
Zur eigenen Vorbereitung z.B. religion heute 1/1988, S. 49f.

Technische Vorarbeiten

Tageslichtprojektor

Folien:

Grundfolie 1: Stefan Lochner, Weltgericht, Köln *(Anlage 1)*

Grundfolie 2: „Schutzmantelchristus“ (R.P. Litzenburger), zit. nach: G. Biemer/R. Ruß, Wenn das Antlitz sich verbirgt. Christusbilder von Roland Peter Litzenburger, Katholisches Bibelwerk, Stuttgart 1975, S. 57 *(Anlage 2)*
Gut ausgestattete Copy-Shops fertigen auch Farbfolien o.a. Vorlagen.

Alternative: O. Kokoschka, Der gekreuzigte Christus hilft den hungernden Kindern, 1945, in: A. Harbarth, Wer ist dieser Mensch? Zugänge zu Christusbildern, Matthias Grünewald, Mainz 1981, S. 65 oder Exodus 4. Neuausgabe, Patmos/Kösel, Düsseldorf/München 1985, S. 103.

Folienstreifen (je ca. 3 cm x 27 cm) (möglichst farbige Folie) zum Abdecken von Grundfolie 1
Folie 1: „Brot und Wasser“
Folie 2: „Wallfahrt“
Folie 3: „Ablaßbriefe“
Folie 4: „Geld“
Folie 5: „beten“
Folie 6: „Maria/Heilige“

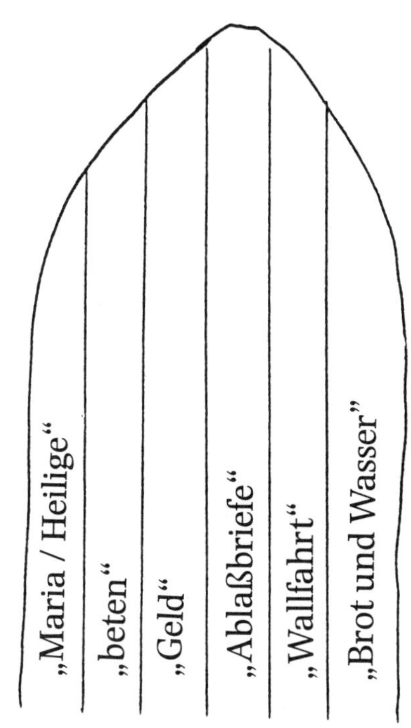

Verlauf

Orgelvorspiel

Begrüßung

Lied

Text: Arnim Juhre
Melodie: Gerd Watkinson

(aus: 9 x 11 neue Kinderlieder zur Bibel, Christophorus-Verlag/Verlag Ernst Kaufmann, Freiburg/Lahr, Nr. 35)

Psalmgebet

Psalm 46

Gott ist unsere sichere Zuflucht,
ein bewährter Helfer in aller Not.
    Darum haben wir keine Angst,
    auch wenn die Erde bebt
    und die Berge ins Meer versinken,
wenn die Fluten toben und tosen
und die Berge davon erzittern:
    Der Herr der Welt ist bei uns,
    der Gott Jakobs ist unser Schutz!

(Psalm 46,2–4, aus: Die Bibel in heutigem Deutsch – Gute Nachricht, Deutsche Bibelgesellschaft, Stuttgart 1982)

Spielszene 1:

Erzähler: Die Lehrerin gibt die Diktate zurück. Kathrin hat eine „Fünf“, obwohl sie doch so geübt hat.

Kathrin: (sitzt zu Hause – verheult) „Ich bin doof! Was wird meine Mutti sagen? Sicher wird sie sehr wütend oder traurig sein!“

(K. setzt sich hin und schreibt freiwillig das Diktat fünfmal ab)

(Es klingelt – Kathrins Freundinnen kommen)

Freundin 1: „Was ist denn mit dir los?“

(K. erzählt von ihrer schlechten Note und ihrer freiwilligen Sonderaufgabe, um die Mutter versöhnlich zu stimmen)

Freundin 2: „Wenn ich eine schlechte Note nach Hause bringe, dann bekomme ich Hausarrest!“

Freundin 3: „Und ich darf nicht raus zum Spielen!“

Freundin 4: „Wenn ich eine ‚Fünf‘ geschrieben habe, dürfen meine Freundinnen nicht zu mir kommen, oder ich darf sonntags nicht mit zur Oma fahren!“

Mutter: *(kommt nach Hause, sieht Kathrins verheultes Gesicht):* „Was ist denn mit dir los? Hast du geweint?“

(K. zeigt ihr stumm das Diktatheft)

Mutter: „Na, toll ist das nicht. Aber deswegen brauchst du keine Angst zu haben. *(Sie nimmt K. in den Arm)* Beim nächsten Mal machst du es besser. Ich weiß, daß du dir Mühe gegeben hast.“

Zwischenspiel: (Orgel/Orff o.ä.) und kurze Überleitung zur nachfolgenden Spielszene

Spielszene 2:

Bußprediger: „Nahe ist das Ende der Welt! Gott kommt schon bald zum Gericht, zur großen, unbarmherzigen Abrechnung mit eurem sündigen Leben! Alle seid ihr verloren! Fegefeuer und Hölle warten auf euch. Verloren seid ihr in euren Sünden! Auf ewig verloren!“ (geht ab)

Leute: *(haben aufmerksam zugehört, sind verzweifelt, rufen sich gegenseitig erregt zu):* „Was sollen wir denn tun? Gibt es denn gar keine Rettung???“

Lied: „Hilf, Herr meines Lebens ...“ (s. EG 419)

Mann 1: „Ich will nicht in die Hölle! Ich werde sieben Tage nur *Brot und Wasser* zu mir nehmen! Vielleicht stimmt ja mein Fasten

	Gott gnädig.“ *(Folie „Brot und Wasser“ über das Christusbild legen)*
Frau 1:	„Ich habe fürchterliche Angst vor dem strengen Gott. Schon morgen breche ich zu einer *Wallfahrt* auf. Auf meinen Knien werde ich von ... nach ... rutschen *(bekannte Orte in der Umgebung einsetzen)*. Vielleicht ...“ *(Folie „Wallfahrt“ auflegen)*
Mann 2:	„Das Fegefeuer – es muß fürchterlich sein! Vielleicht stimmt es Gott ja gnädig, wenn ich einen oder auch zwei *Ablaßbriefe* kaufe. *(Folie „Ablaßbriefe“ auflegen)*. Vielleicht ...“
Frau 2:	„Ich will all mein *Geld* der Kirche und den Armen schenken. Lieber arm sein – als auf ewig verdammt! Gott wird es mir lohnen *(Folie „Geld“ auflegen)*. Vielleicht ...“
Mann 3:	„Was kann ich nur machen, um den zornigen Richter im Himmel zu versöhnen? Ich versuche es mit Beten. Jeden Tag will ich 100 mal das Vaterunser und 50 mal den Rosenkranz *beten*. Vielleicht ...“ *(Folie „beten“ auflegen)*
Frau 3:	„... und ich werde Tag und Nacht die *Gottesmutter* und die *Heiligen* anrufen. Vielleicht ...“ *(Folie „Maria/Heilige“ auflegen)*
L./P.:	„Alle wollen Gott freundlich stimmen, so wie auch Kathrin versucht hat, die Mutter gnädig zu stimmen und zu versöhnen. Auch die Leute in der zweiten Geschichte haben große Angst, Angst vor Gott, Angst vor dem Gericht. Sie wollen Gottes Bild heller machen – und machen es in Wirklichkeit dunkler. Doch unsere Geschichte ist noch nicht zu Ende. Seht, wie sie weitergeht.

Spielszene 3:

Reisender:	*(Hut, Mantel, Wanderstock) tritt auf und betrachtet aufmerksam die Leute:* „Warum seid ihr so bedrückt?“

(Leute erzählen)

Reisender:	„Ich komme gerade aus Wittenberg. Da sprechen alle Leute von einem jungen Mönch. Martin Luther heißt er.“
Frau 1:	„Was erzählen sie sich von ihm? Sag' schon!“
Reisender:	„Er predigt den Leuten: ‚Gott ist kein strenger, zorniger Richter. Nein, Gott ist wie ein gütiger Vater. Aus Liebe verzeiht er uns, wenn wir etwas Böses getan haben. Unsere Sünden sind uns erlassen. Gottes Liebe hat sie abgewaschen. So hat es der heilige Paulus geschrieben.“
Mann 1	*(nachdenklich):* „Gott ist *kein* strenger Richter?“
Frau 2:	„Wir sind *nicht* auf ewig verloren???“
Mann 2:	„Wir müssen uns wirklich nicht vor Gottes Zorngesicht fürchten?“
Reisender	*schüttelt verneinend den Kopf.*

Mann 1: „Das würde ja bedeuten: Gott hat uns lieb – auch ohne Fasten“ *(entfernt Folie „Brot und Wasser“).*

Frau 1: „Gott hat uns lieb – auch ohne Wallfahrten“ *(Folie „Wallfahrt“ entfernen) ...*

Nach und nach werden mit entsprechendem Votum auch die übrigen Folien entfernt, das zugrundeliegende Bild des strengen Richters durch das Lietzenburger-Bild „Schutzmantelchristus“ (o.ä.) ersetzt.

Lied: „Nun freut euch, lieben Christen gmein ...“, Strophen 1, 3 und 5 (s. EKG 239 bzw. EG 341)

Kurzansprache:
Schwerpunkte können sein (alternativ):

- EKG 239 bzw. EG 341 im Horizont von Luthers Entdeckung
- das Litzenburger-Bild
- die Spielszenen ...

Lied: Wiederholung EKG 239 bzw. EG 341, Strophe 1

Fürbitten – Vaterunser

Lied: „Eine freudige Nachricht ...“, Strophen 1–6 (s. Religionsunterricht praktisch 2, S. 131)

Denkbar ist, die einzelnen Strophen jeweils mit der (gesprochenen) Botschaft abzuschließen: „Gott hat die Menschen lieb“, also:
„ ... doch da hat einer die Nachricht gesagt:
Gott hat die Menschen lieb!“
„ ... haben die Nachbarn aufgeschreckt:
Gott hat die Menschen lieb!“ etc.
Die „Nachricht“ kann durch eine Einzelstimme oder eine Kindergruppe gesprochen werden.

Segen

Anlage 1

Stefan Lochner, Weltgericht. Rheinisches Bildarchiv, Köln

Anlage 2

Roland Peter Litzenburger, Schutzmantelchristus (aus: Günter Biemer/Rainer Ruß, Wenn das Antlitz sich verbirgt. Christusbilder von Roland Peter Litzenburger, Verlag Katholisches Bibelwerk, Stuttgart 1975)

8 Steine auf dem Weg des Lebens

Kurzinhalt:
- Vorspiel
- Begrüßung
- Lied „Ein neuer Tag ist da“
- Eingangsvotum – Überleitung
- Spielszenen: Hindernisse (Steine) auf dem Weg des Lebens
- Lied „Wende das Böse“
- Deutendes Gespräch
- Lied „Wende das Böse“ (Wiederholung)
- Ansprache, begleitet durch Symbolhandlung mit „Steinen“ und Lied
- Psalmgebet (Ps 139)
- Fürbitten – Vaterunser

Thematisches Stichwort

s. Modell Nr. 7

Biblischer Bezug

Röm 3,21–24

Zentrale Idee

Grundgedanke (vgl. Modell Nr. 7): Gott eröffnet Menschen immer wieder neu die Chance zu einem ent-lasteten Gottes- und Nächstenverhältnis.

Die in Spiel- und Alltagssituationen vorgestellten „Steine auf dem Weg des Lebens“ werden mit „Steinen auf dem Weg des Glaubens“ parallelisiert und beides mit der befreienden, die Versöhnung stiftenden Botschaft des Evangeliums vernetzt, die „Steine“ aus dem Weg geräumt.

Bezug zum Unterricht

s. Modell Nr. 7

Technische Vorarbeiten

Neben den üblichen Elementen (Liedern, Gebeten etc.) sind im einzelnen vorzubereiten:
Spielszenen 1–4: s.u.

2 x 4 „Steine“ (je nach verfügbarer Raumgröße à ca. 50 cm Durchmesser) aus Papiermaché o.ä. herstellen.

Papiermaché: Zeitungspapier oder Rotationspapier in angesetztem Tapetenkleister tränken (u.U. etwas Gips oder Moltofill als Härtemittel beifügen) und in mehreren Schichten auf einen aufgeblasenen Plastiksack (Müllsack o.ä.) auftragen.

Nach Abtrocknung (ca. 3 Tage) können die „Steine“ ggf. weiterbearbeitet (Deck- oder Abtönfarbe auftragen) und mit breitschreibenden Filzstiften beschriftet werden.

Steine für Spielszene:
- Streit
- Betrug
- Lüge
- Gewalt

Steine für Vor-Reformation (möglichst andere Farbe)
- Zorn
- Gericht
- Strafe
- Fegefeuer

Der „Weg“ kann durch dicke Wolle bzw. durch Taue angedeutet werden.

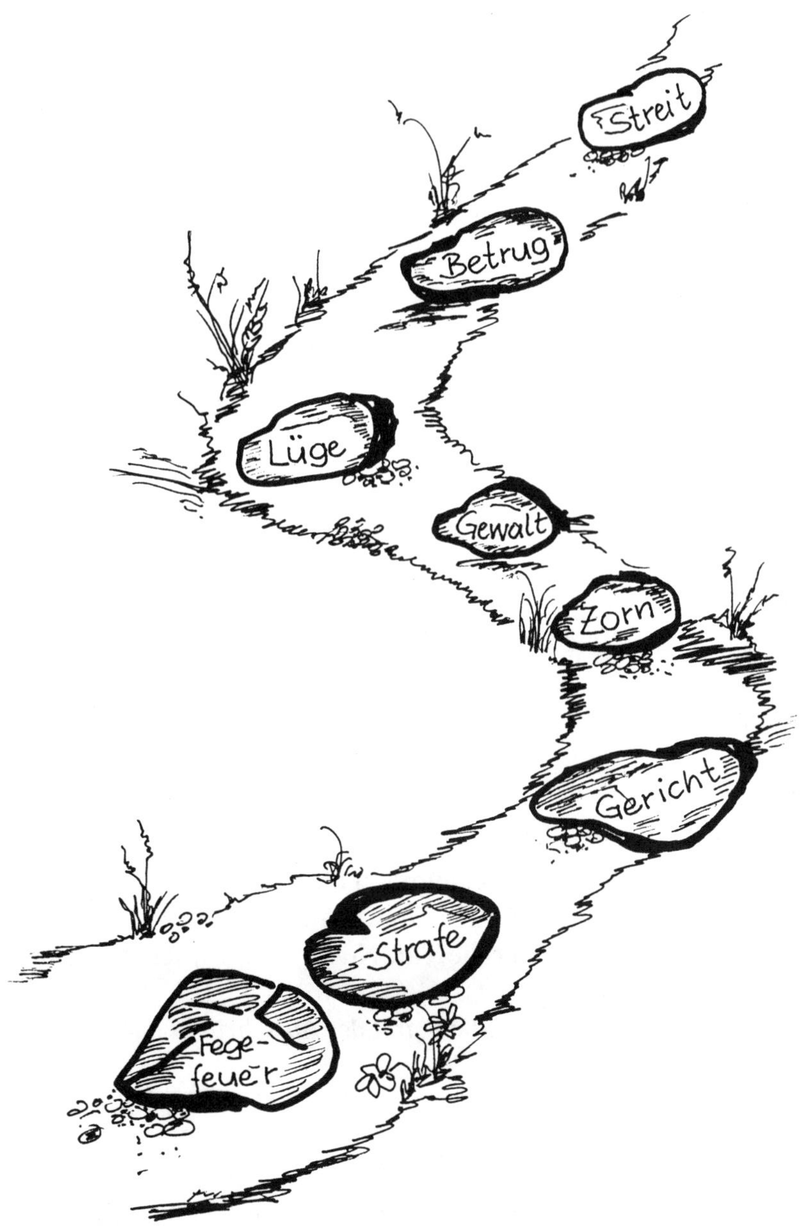

Verlauf

Eingangslied: s. Modell 7

Eingangsvotum: s. Modell 7

Lied: „Ein neuer Tag ist da ...“, Strophen 1–4 (s. Schwerter Liederbuch Nr. 248)

Überleitung zum anschließenden Spiel

Spielszenen:

Hindernisse (Steine) auf dem Weg des Lebens

Triangel-Schlag

Szene 1: Streit zwischen Geschwistern

z.B.: Jüngere Schwester will mit dem älteren Bruder fernsehen. Der wehrt mit dem Hinweis ab: „Das ist noch nichts für dich! Das verstehst du auch überhaupt nicht ... Und außerdem quatschst du doch nur dauernd dazwischen.“ – Schwester: „Nein, ich laß dich ganz bestimmt in Ruhe. Und ich versteh auch schon gut, was da läuft ...“ – Bruder läßt sich nicht erweichen – Tränen – Wut – Bruder wirft Schwester unsanft aus dem Zimmer.
Kind legt „Stein“ mit der Aufschrift „Streit“ auf den Weg.

Triangel-Schlag

Szene 2: Betrug

Melanie bekommt DM 5,— von ihrer Mutter für Schulhefte. Statt der Hefte kauft sie jedoch Süßigkeiten und versucht, den Betrug vor ihrer Mutter durch immer neue Erklärungen und Ausflüchte zu vertuschen.
Kind legt „Stein“ mit der Aufschrift „Betrug“ auf den Weg.

Triangel-Schlag

Szene 3: Lüge

Oliver läßt eine wertvolle Kristallvase fallen. Erschrocken beseitigt er schnell und heimlich die Spuren.
Als die Mutter Tage später den Verlust bemerkt und Oliver zur Rede stellt, leugnet er die Tat. Nun geraten auch die anderen Geschwister unter Verdacht ...
Kind legt „Stein“ mit der Aufschrift „Lüge“ auf den Weg.

Triangel-Schlag

Szene 4: Gewalt

Kinder spielen in der Pause auf dem Schulhof mit einem Ball. Andreas aus

dem 4. Schuljahr kommt hinzu und entwendet den Ball. – Jan rennt hinter ihm her, stellt ihm ein Bein – Andreas stürzt, verletzt sich – gegenseitige Beschimpfungen – Eskalation der gewalttätigen Auseinandersetzung – Tränen ...
Kind legt „Stein" mit der Aufschrift „Gewalt" auf den Weg.

Triangel-Schlag

Lied:

Text und Musik: Peter Janssens

(aus: Friedensmesse, 1969, Rechte: Peter Janssens Musik Verlag, Telgte-Westfalen)

Deutendes Gespräch: L./P. greift in einem Gespräch noch einmal die vorgestellten Situationen auf und problematisiert die symbolische Bedeutung der „Steine":
Schuld belastet den Verursacher und die Beziehung zwischen Menschen – Wie gehe ich mit Schuld um? – Vergebung – Wiedergutmachung ...

Steine
- erschweren den Weg
- liegen zwischen Menschen
- belasten
- lassen stolpern
- können verletzen und wehtun ...

Lied: Wiederholung „Wende das Böse ..." (s.o.)

Ansprache: P. stellt Parallelen zwischen den Alltagssituationen (Steine auf dem Weg des Lebens) und der Situation vieler Christen am Vorabend der Reformation her:
Steine liegen auf dem Weg des Glaubens, Steine verstellen den Weg/Zugang zu einer bibelgemäßen Sicht Gottes – P. erzählt von den Versuchen der Menschen, Gott nahe zu kommen, freundlich zu stimmen.

Kinder legen weitere „Steine" auf den Weg, z.B.
- Zorn

- Gericht
- Strafe
- Fegefeuer.

P. erzählt von Luthers Entdeckung (vgl. Religionsunterricht praktisch 3, S. 46).
Die Ansprache wird unterbrochen bzw. unterstrichen durch Strophen des folgenden Liedes:

2. Mir ist ein Licht aufgegangen.
   Wieviel Gutes gibt mir Gott,
   ich will dankbar daran denken.

3. Mir ist ein Licht aufgegangen.
   Auch im Leid und in der Not
   will mich Gottes Liebe leiten.

4. Mir ist ein Licht aufgegangen.
   Wenn ich zweifle, läßt Gott
   mich seine Spuren doch entdecken.

6. Mir ist ein Licht aufgegangen.
   Was ich leiste, was versäumt,
   Gott sieht es mit seinen Augen.

7. Mir ist ein Licht aufgegangen.
   Macht mir auch die Zukunft Angst,
   Gott ist bei mir heut und morgen.

5. Mir ist ein Licht aufgegangen.
   Alte Fehler, alte Schuld
   brauchen mich nicht zu belasten.

Mit Strophe 5 enden – parallel dazu die Steine abräumen.

(aus: M.G. Schneider, Hg., Sieben Leben möcht ich haben, Verlag Ernst Kaufmann/Christophorus, Lahr/Freiburg S. 115 [vergriffen; Liedrechte beim Autor])

Psalmgebet:

So wie ich bin

So wie ich bin, komme ich zu dir ...
So wie wir sind, kommen wir zu dir ...
Herr, mein Gott, es ist gut, daß du mich siehst.
Du siehst, wenn ich Angst habe,
du siehst, wenn ich unzufrieden und traurig über mich
selber bin, weil ich mich mit anderen vergleiche.
So wie ich bin, komme ich zu dir ...
So wie wir sind, kommen wir zu dir ...
Du, Gott, kennst meine Wünsche.
Ich träume davon, reich oder schön oder mächtig zu sein;
groß und stark will ich sein.
Die Menschen sollen mich bewundern und von mir reden.
Aber ich weiß ja, das sind nur Träume.
So wie ich bin, komme ich zu dir ...
So wie wir sind, kommen wir zu dir ...
Deine Hand hält mich fest in der Schule und zu Hause,
wo immer ich bin, du hältst mich fest.
Ich bitte dich, mein Gott, hilf mir,
daß ich mich nicht beklage, weil ich nicht so begabt,
nicht so schön oder nicht so gesund bin wie andere.
So wie ich bin, komme ich zu dir ...
So wie wir sind, kommen wir zu dir ...
Gott, ich danke dir, daß du mich festhältst.
Ich danke dir für alles, was du gegeben hast.
Gott, du kennst meinen Weg.
Du hilfst ihn mir gehen, weil du mich lieb hast.
Es ist gut, mein Gott, das zu wissen.
So wie ich bin, komme ich zu dir ...
So wie wir sind, kommen wir zu dir ...

(nach Psalm 139; aus: Erste Ergänzung zur Handreichung „Lob sei dir“: Wir feiern Kindergottesdienst, Rheinischer Verband für Kindergottesdienst, Düsseldorf)

Der Kehrvers kann auch gesungen werden:

(aus: Wir feiern Kindergottesdienst: sich freuen und traurig sein, Hg. Rheinischer Verband für Kindergottesdienst, Geschäftsstelle Süd, Im Füllengarten Markuskirche, 66115 Saarbrücken)

Alternativer Kehrvers zum Sprechen:

> *Laß mich dankbar sein, Herr,*
> *daß du mich so gemacht hast, wie ich bin,*
> *laß mich dankbar sein und dich preisen.*

Fürbitten – Vaterunser: (ggf.) singen oder/und mit Gebärden versehen – s. Religionsunterricht praktisch 3, S. 150f

Segen

9 Sterne im Advent

Kurzinhalt:
- Lied „Weißt du, wieviel Sternlein stehen“
- Spielszene (1): Mit den Sternen die Erde beschauen (mit Dias und Bezug auf Jes 9,1.5f)
- Spielszene (2): Konferenz der Sterne (mit Orff-Instrumenten)
- Lied „Stern über Bethlehem“
- Deutung
- Gebet – Vaterunser
- Schlußlied „Gottes Stern am Himmel droben“
- Segen

Thematisches Stichwort

Sterne sind nicht nur Himmelskörper, Objekte des Staunens und Forschens, sondern nach orientalischer Anschauung auch Indikatoren einer herausragenden Geburt (z.B. Mithras, Augustus) und Künder einer neuen Zeit und Zeichen der Sehnsucht.
So formuliert schon der alttestamentliche Seher Bileam in visionärer Sicht (mit Blick auf David): „Es wird ein Stern aus Jakob aufgehen und ein Zepter aus Israel aufkommen ...“ (Num 24,17). Früh hat die Auslegung diese Stelle messianisch interpretiert.
Unklar ist, ob sich die Magier aus dem Osten auf den Bileamspruch beziehen. Sie motivieren ihre Suche nach dem neugeborenen König der Juden mit einer Vision: „Wir haben seinen Stern gesehen im Morgenland und sind gekommen, ihn anzubeten“ (Mt 2,2). Der Stern führt sie zum Ort der Geburt: „Als sie den Stern sahen, wurden sie hoch erfreut“ (2,10).
In der Offenbarung des Johannes identifiziert sich Christus mit dem „Morgenstern“, der den „neuen Äon“ herbeiführt: „Ich bin die Wurzel und das Geschlecht Davids, der helle Morgenstern“ (Offb 22,16).
Uns war im nachstehenden Entwurf wichtig, Weihnachten nicht schon „vorwegzunehmen“. Das Sternenmotiv behält Ankündigungs- und Adventscharakter, indem es auf das verweist, was kommen wird. Das Bild des kleinen Sterns variiert natürlich ein häufig in Anspruch genommenes Motiv: Der kleine Stern, der die Großen mit seiner Idee und Grundhaltung beschämt, erspürt, was der kommenden Geburt des Gotteskindes gegenüber angemessen ist.

Biblischer Bezug

Jes 9,1 enthält zwar nicht das Stern-Motiv, erscheint von der Sache her jedoch gleichwohl als biblische Fundierung geeignet. Das „große Licht“, das über dem Volk in der Finsternis (= Leiden unter der Assyrischen Herrschaft) aufleuchtet, weist auf den Anbruch der eschatologischen Heilszeit und die Herrschaft des Messias hin. „Tatsache ist die Befreiung noch nicht. Aber mitten in der Dunkelheit sieht das Volk doch ein Licht ... ‚Licht‘ ist das Symbol der heilvollen Gegenwart Gottes ...“ (H. Wildberger, Jesaja, Kapitel 1–12, Biblischer Kommentar Altes Testament, Bd. X/1, Neukirchener Verlag, Neukirchen 1972, S. 374)

Zentrale Idee

Fünf Sterne streiten um das Vorrecht, als Weihnachtsstern die Geburt des Messias anzuzeigen. Ihre vermeintlichen Qualifikationen (Schnelligkeit, Helligkeit, Größe, Stärke, Glanz) relativiert der kleinste Stern mit dem Vorschlag, – unter Verzicht auf eigene Interessen – gemeinsam nach Bethlehem zu ziehen.

Bezug zum Unterricht

Die Thematik „Sterne im Advent" ist in die allgemeine unterrichtliche Vorbereitung von Advent/Weihnachten einzuordnen; vgl. dazu u.a.:

- „Weihnachten: Licht in der Dunkelheit", s. Religionsunterricht praktisch 1, S. 75ff
- „Weihnachten: Unterwegs nach Bethlehem", s. Religionsunterricht praktisch 2, S. 69ff
- „Weihnachten: ... und Friede auf Erden", s. Religionsunterricht praktisch 4, S. 83ff

Technische Vorarbeiten

Zu den speziellen Vorarbeiten gehören:
- Spielszenen einüben
- Lieder, Gebete etc.
- Orff-Motive
- Dias auswählen.

Folgende Vorschläge haben Angebotscharakter:

Dia Nr.	Motiv	Quelle
1	Mond und Sterne	Franz von Assisi: Der Sonnengesang, FWU Diaserie Nr. 10 03126, Dia Nr. 3, FWU, München 1992
		oder
	Sterne	Dia-Dienst 1.1 Natur: Kosmos 21 (Eagle Nebula, nördliches Sternbild), Dia Nr. 35
2	Erde	Calig Cal Pb 775: Die Schöpfungsgeschichte, ein Psalm, Dia Nr. 32
3	Einsames Kind	Dia-Dienst 7: 2/2 Mensch: Lebensalter 8
4	Mutter mit hungerndem Kind	Kinder in Brasilien, Deutsches Weltgebetstags-Komitee, Hg., Land – Brot – Zukunft. Weltgebetstag der Frauen 1988 (Brasilien), Stein/Aachen
5	Umweltzerstörung	Dia-Dienst 3/2 Umwelt-Technik 2
6	Krieg	steyl-tonbild 344 („Ein Schritt zum Frieden"), Dia Nr. 2

- „Fernrohr" (Transportrolle o.ä., ggf. mit Geschenkpapier kaschieren)
- Fünf Sterne auf Holzstäben mit den o.g. Merkmalen

- Sterne als Erinnerungsgeschenk
- Diaprojektor

Verlauf

Vorspiel

Begrüßung

Lied: „Weißt du, wieviel Sternlein stehen …", Strophen 1 u. 3 (s. EG 51 bzw. EKG Anhang)

Spielszene (1):

Mit den Sternen die Erde beschauen

Sprecher: Manchmal möchte man nach den Sternen greifen.
(Kind sucht langsam mit überdimensionalem Fernrohr den Himmel ab)
Manchmal möchte man zu den Sternen reisen. Wie schön sie leuchten in der Nacht! Wie ruhig sie ihre Bahn am Himmel ziehen!
(Orff-Akkord, hell, verspielt)

Sprecher: In Gedanken wollen wir zu den Sternen reisen.

Dia 1 *Sternenbild (Orff-Motiv wiederholen)*

Sprecher: Mit Sternenaugen wollen wir die Erde betrachten.
(Dias sehr langsam und begleitet durch dunkle Xylophontöne einspielen)

Dia 2 *Motiv: Erde aus dem Weltall gesehen*
Dia 3 *Motiv: Einsames Kind*
Dia 4 *Motiv: Mutter mit hungerndem Kind*
Dia 5 *Motiv: Umweltzerstörung*
Dia 6 *Motiv: Krieg*

Sprecher: Die Sterne sehen beides. Sie sehen das Schöne und sie sehen das Dunkle auf unserer Erde. Wieviel Dunkles die hellen Sterne auch auf unserer schönen Erde sehen!
Und doch bleibt gültig, was ein Gottesmann in dunklen, längst vergangenen Tagen im Lande Israel als Hoffnungsbotschaft gesagt hat:

Prophet: „Das Volk, das durch die Dunkelheit zieht und ohne Hoffnung ist, sieht ein helles Licht. Über die Bewohner des Landes der Finsternis leuchtet ein Licht auf. Wie ein Sternenlicht wird Gottes Hilfe unsere Dunkelheit hell und froh machen! – ‚Messias' wird das Hoffnungslicht heißen, das von Gott kommen und Trauer in Freude verwandeln wird!"
(nach Jes 9,1.5f)

Kanon: „Mache dich auf und werde Licht" (s. Schwerter Liederbuch Nr. 118)

Spielszene (2)

Konferenz der Sterne

Sprecher: Auch die Sterne bereiten sich auf das Kommen des Messiaskindes vor. In Bethlehem, so sagen es die alten Schriften, wird es geboren werden, in Bethlehem, der Davidsstadt.
(Sterne treten auf – Sterne putzen sich)
Und so beginnen die Sterne sich herauszuputzen, die kleinen und die großen. Jeder will gern der Weihnachtsstern sein und hell am Himmel leuchten, wenn der Messias geboren werden wird.
Wer aber sollte dieser Stern sein? Auf einer großen Konferenz der Sterne wollen die Sterne aus fünf Vertretern den Weihnachtsstern auswählen.
(Stern tritt auf)

Stern 1: *(Der Schnellste):* „Ich bin von uns Fünfen der Schnellste! In kürzester Zeit durcheile ich das Firmament. – So schnell wie ich wird keiner in Bethlehem sein. Zeit ist Geld. Heutzutage kommt es vor allem auf Schnelligkeit an. Das wird auch dem Gotteskind in Bethlehem imponieren. Wählt mich als Himmelsboten!"
(Orff-Motiv)

Sprecher: Ein anderer Stern drängt sich nach vorn und schiebt den ersten Stern unsanft zur Seite *(Stern 2 schiebt Stern 1 beiseite).*

Stern 2: *(Der Hellste):* „Nein, nein! Das könnte dir so passen! Ich bin da viel geeigneter!
Ich verbreite ein besonders helles Licht. Alle Welt wird durch mich zu dem Schein am Himmel aufsehen. Meine Helligkeit wird die Menschen im Dunkeln auf die Geburt des Kindes aufmerksam machen. Ich bitte euch: Laßt mich nach Bethlehem ziehen!"
(Orff-Motiv)

Sprecher: Er hat kaum ausgesprochen, da meldet sich Stern Nr. 3 zu Wort:

Stern 3: *(Der Größte):* „Liebe Freunde! Schnell sein oder hell sein, das ist ja ganz gut und schön. Aber bei so einem besonderen Ereignis kommt es doch wohl auf andere Werte an.
Ich bin, wie ihr seht, der Größte! Ich habe wohl das Recht, die Heilige Nacht von Bethlehem zu beleuchten!"
(Orff-Motiv)
(Stern 4 tritt vor)

Stern 4: *(Der Stärkste):* „Wenn einer geeignet ist, die Heilige Nacht zu erhellen, dann doch wohl ich!
Schließlich ist die Reise nach Bethlehem nicht ungefährlich! Da braucht man Mut und Stärke, wie ich sie habe! *(Läßt die Muskeln spielen)*
Mit meiner Stärke kann ich auch das Kind am besten beschützen! Meine Stärke wird dem Kind gefallen.
Bestimmt werdet ihr mich auswählen!"
(Orff-Motiv)

Sprecher: „Seid still!" ruft da der 5. Stern dazwischen.
(Stern 5 tritt auf)

Stern 5: *(Der Glänzendste):* „Hört auf mit euren Protzreden. Als ob es hier auf Schnelligkeit, Helligkeit, Größe oder Stärke ankäme! Mich erkennt man sofort an meinem besonderen, goldenen Glanz. Der paßt so gut zu dem Königskind von Bethlehem. Wählt mich zum Weihnachtsstern. Keiner kann so schön funkeln wie ich."
(Orff-Motiv)
(Die fünf Sterne zeigen sich noch einmal und verweisen pantomimisch auf ihre „Vorzüge")

Sprecher: Als die Sterne gerade abstimmen wollen, wer von den Fünfen die schöne Aufgabe übernehmen soll, meldet sich aus der letzten Reihe ein ganz kleiner, unscheinbarer Stern zu Wort:

Kleiner Stern: „Wie wäre es, wenn ihr fünf gemeinsam nach Bethlehem zieht? Zusammen seid ihr bestimmt das schönste Sternenbild der Welt. Euer gemeinsames Leuchten wird Menschen und Tiere auf die helle, frohmachende Botschaft hinweisen."

Sprecher: Alle Sterne finden diesen Vorschlag gut und klatschen Beifall:
(Klatschen!)
Zur Belohnung darf der kleine Stern die großen Sterne begleiten.
(Sterne stellen sich zusammen und nehmen den kleinen Stern in ihre Mitte)
Bis heute erzählen sich die Menschen von diesem besonderen Stern, dem Weihnachtsstern von Bethlehem. Er begleitet uns durch den Advent und zeigt uns den Weg zur Krippe mit dem Gotteskind.
(Orff-Motiv)

(Die Spielszene variiert eine Idee aus: M. Leskau, Wie der Weihnachtsstern nach Bethlehem kam, in: Musikpraxis. Arbeitshilfen für Musik in Kindergarten und Grundschule, H. 52, Fidula, Boppard/Salzburg 1991, S. 128ff)

Lied: „Stern über Bethlehem ...", Strophen 1 u.2 (s. Schwerter Liederbuch Nr. 125)

Deutung: (Stichworte) Bei den fünf Sternen geht es zu wie im richtigen Leben:
- jeder denkt nur an sich
- jeder streicht die eigenen Vorzüge heraus
- jeder macht den anderen klein – „Ich bin der Größte, der Hellste, der Stärkste ...!"

Was den Ausgang der Sternengeschichte so tröstlich macht: Die Sterne finden eine Lösung, bei der Größe, Schnelligkeit und Stärke gar nicht mehr wichtig sind.

Die großen Sterne mit ihren vermeintlich großen Eigenschaften treten zurück. Ein kleiner Stern aus der letzten Reihe hat die richtige Idee.

Der Kleine, Unfertige, Leise, Schutzbedürftige wird von Gott erwählt und – in einem Kind – in den Mittelpunkt gestellt.

Das Christuskind aus Bethlehem ist Stern und Hinweiszeichen auf den Gott, der Kind wird, Hinweis auf Gottes in Windeln gewickelte Liebe.

Lied: „Stern über Bethlehem ...", Strophe 3–5 (s.o.)

Gebet

Vaterunser

Schlußlied:

Melodie: aus Frankreich
Text: Susanne Tönsmann

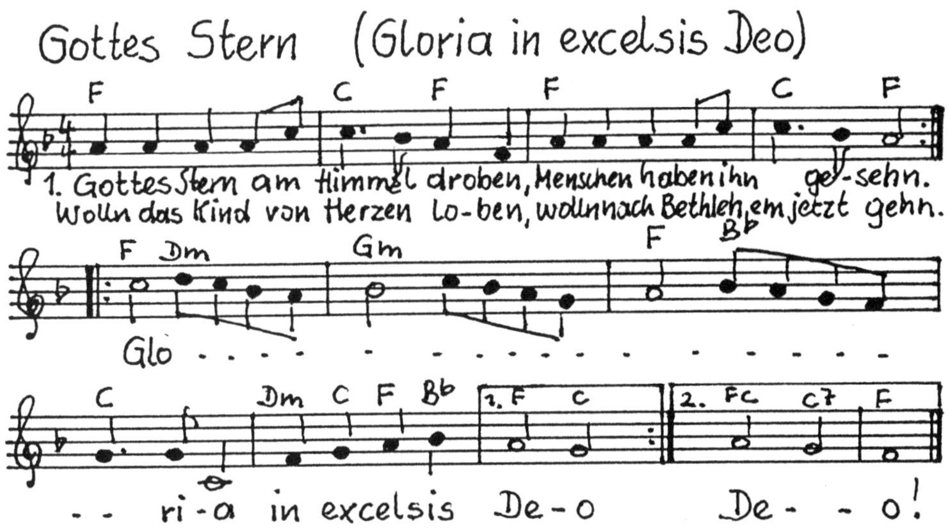

3. Laßt uns nun zur Krippe gehen
auf dem Wege mit dem Stern
und das Kind, die Eltern sehen.
Kommt, das Wunder ist nicht fern.
Gloria ...

Weitere zum Motiv passende Strophen s. „Seht ihr unsern Stern dort stehen ...", in: Mein Liederbuch B 28.

Segen

Erinnerungsgeschenk:

Stern-Bastelanleitungen, z.B. in:

– Mal- und Bastelstunde, Als, Frankfurt 1982ff:
  Nr. 59 „Glitzersterne"
  Nr. 174 „Transparente Bilder"
  Nr. 131 „Sterne"

- Gestaltungsstunde, Als, Frankfurt o.J.:
  Nr. 26 „Weihnachtsschmuck“
  Nr. 98 „Sternformen“

Weitere Lieder mit dem Motiv „Stern“:

- „Weg, den ein Stern erhellt“, in: H.-J. Frisch, Wenn du singst, sing nicht allein, Nr. 211
- „Segne, Vater, tausend Sterne“, in: ebd., Nr. 179
- „Mitten in der Nacht ist ein Stern erwacht“, z.B. in: Schwerter Liederbuch, Nr. 128
- „Er leuchtet still, der Stern“, z.B. in: Schwerter Liederbuch, Nr. 130
- „Wißt ihr noch, wie es geschehen?“ (EG 52, EKG Anhang)
- „Der Morgenstern ist aufgedrungen“ (EG 69, EKG Anhang)
- „Du Morgenstern“ (EG 74, EKG Anhang)

10 Licht auf unserem Weg

Kurzinhalt
- Vorspiel
- Lied „Wir sagen euch an den lieben Advent"
- Begrüßung und Einführung
- Lied „Wir sagen euch an den lieben Advent"
- Gebet
- Psalm 67, gerahmt von musikalischem Zwischenspiel
- Rollenspiel 1: Was unser Leben dunkel macht
- Lied „Es werde Licht"
- Kurzansprache
- Rollenspiel 2: Wie Licht die Dunkelheit verwandelt
- Lied „Ein Licht geht uns auf"
- Gemeinschaftsaktion: Lichter auf den Adventsweg stellen
- Lied „Mache dich auf und werde Licht!"
- Zusammenfassung der Eindrücke
- Fürbitten – Vaterunser
- Schlußlied „Mir ist ein Licht aufgegangen"
- Segen

Thematisches Stichwort

Das Ursymbol des „Lichtes" verdichtet Einsichten und Erfahrungen für die und aus der vorweihnachtliche(n) Zeit:

- Ohne Licht gibt es kein Leben (vgl. Gen 1,3).
- Licht verwandelt und besiegt Dunkelheit und stiftet Hoffnung.
- Licht läßt Schatten und Konturen deutlicher hervortreten, hat also auch (unter)scheidende Funktion.
- Die Kerze (als Spezialfall des Lichts) spendet Licht (Wärme/Atmosphäre), indem sie sich verzehrt. Nur indem sie sich verwandelt und selbst abnimmt, vermag sie Licht und Wärme an ihre Umgebung, an andere abzugeben. Die Kerze muß verbrennen, um zu leben.

Zum Symbol „Licht" vgl. auch: Religionsunterricht praktisch 1, S. 75f.

Biblischer Bezug

Aus der Fülle biblischer Licht-Worte sei hier exemplarisch verwiesen auf:

- Ps 27,1: „Der Herr ist mein Licht und mein Heil; vor wem sollte ich mich fürchten?"
- Ps 43,3: „Sende dein Licht und deine Wahrheit ..."
- Ps 119,105: „Dein Wort ist meines Fußes Leuchte und ein Licht auf meinem Wege"
- Jes 9,1: „Das Volk, das im Finstern wandelt, sieht ein großes Licht ..."
- Jes 42,16: „Ich will die Finsternis vor ihnen her zum Licht machen ..."
- Jes 60,1: „Mache dich auf und werde Licht ..."
- Mt 5,14: „Ihr seid das Licht der Welt"
- Joh 1,5: „Und das Licht scheint in der Finsternis ..."
- Joh 1,9: „Das war das wahre Licht, das alle Menschen erleuchtet ..."

- Joh 8,12: „Ich bin das Licht der Welt. Wer mir nachfolgt, der wird nicht wandeln in der Finsternis ..."
- 1.Joh 2,8f: „Die Finsternis vergeht, und das wahre Licht scheint jetzt ..."

Der nachstehende Entwurf/die nachstehenden Entwürfe beanspruchen Jes 9,1:

Zum zeitgeschichtlichen Hintergrund:
Die Assyrer unter Tiglatpileser III (745–727 v.Chr.) haben weite Teile Israels erobert und (tributpflichtig) dem assyrischen Provinzialsystem eingegliedert.

„Losgerissen vom Gottesvolk, hinausgestoßen in das Dunkel der Geschichtslosigkeit sind sie ‚das Volk, das im Dunkeln wandelt ...'" (G. v.Rad, Theologie des Alten Testaments, Bd. II, München 1965, S. 178).

Botschaft:
Das Heilsorakel aus Jes 9,1 enthält die Kunde vom „Licht" = der heilvollen Gegenwart Gottes (O. Kaiser) und vom bevorstehenden Ende des assyrischen Jochs.

„Wer ... ‚also ein großes Licht sieht', darf auch in der Finsternis des Todesbereiches der schützenden und rettenden Präsenz Jahwes gewiß sein..." (H. Wildberger, Jesaja I (1–12), Neukirchen 1972, S. 374)

Zentrale Idee

Sch. werden zu Licht- und Hoffnungsträgern, indem sie einen spiralförmig angelegten Adventsweg durchlaufen und mit Kerzen erhellen.

Bezug zum Unterricht

Neben der thematisch-inhaltlichen Auseinandersetzung und Einstimmung (vgl. Religionsunterricht praktisch 1, S. 75ff und die Weihnachtsausarbeitungen in den Bänden 2–4) sind vorzubereiten:

- Lieder
- Gebete
- Rollenspielszenen
- Aktion vorbereiten
- Erinnerungsgeschenk
- Kerzen/Teelichter

Technische Vorarbeiten

Frühzeitig sind für den „Adventsweg" und den „Berg" (s.u.) zu besorgen, bereit- und anzulegen:

„Berg" aus Rundhölzern o.ä. (ca. 10 cm Durchmesser, Länge: 10 cm, 15 cm, 20 cm, 30 cm, jeweils mehrere Exemplare).

Berg aus diesen Rundhölzern aufbauen, ggf. mit Moos, Laub, Tannenzweigen schmücken. Auf die Spitze wird später eine möglichst große Kerze gestellt.

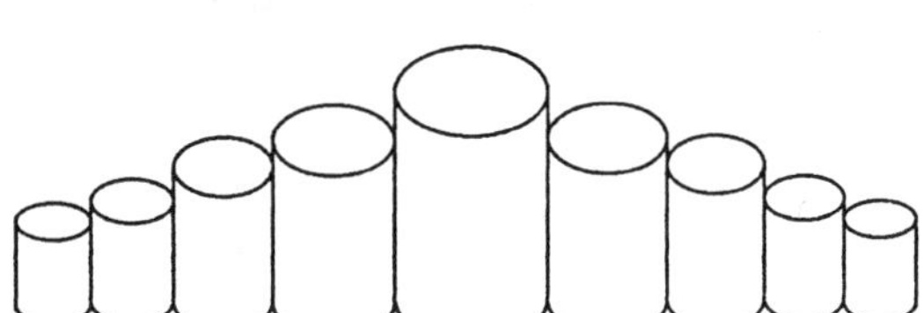

„Adventsweg“: spiralförmig aus Tannenzweigen, Moos etc. anlegen und mit Äpfeln, Nüssen etc. schmücken. Der Weg muß so breit sein, daß zwei Kinder aneinander vorbeigehen können.

Erinnerungsgeschenk: nach Anlage

Verlauf

Vorspiel

Lied: „Wir sagen euch an den lieben Advent“, Strophe 1 u. 2 (s. EG 7)

Begrüßung und Einführung

Lied: „Wir sagen euch an den lieben Advent“, Strophe 3 u. 4 (s.o.)

Gebet: Formulierungshilfen s. Literatur im Modell 11: „Tragt in die Häuser ein Licht“, S. 138.

Musikalisches Zwischenspiel

Psalm

Wir wünschen uns alle:
Gott sei uns freundlich;
er möge uns segnen.
  Er gebe uns Licht,
  das Licht seiner Liebe;
  er mache es hell in unseren Herzen.
Gott sei uns freundlich;
er möge uns segnen.
  Er gebe uns Licht
  und zeige uns allen die richtigen Wege;
  er mache uns klar,

wie wir leben sollen.
Gott sei uns freundlich;
er möge uns segnen.
Das Licht seiner Liebe soll alle erreichen;
die Eltern, die Lehrer, die Nachbarn und Freunde,
alle Menschen um uns herum.
Das Licht seiner Liebe soll alle erreichen.
Darum bitten wir:
Gott sei uns freundlich;
er möge uns segnen.

(nach Ps 67, aus: Alles was atmen kann, lobe den Herrn, 4. Aufl., Rheinischer Verband für Kindergottesdienst, Düsseldorf)

Musikalisches Zwischenspiel

Rollenspiel: Teil 1

Was unser Leben manchmal dunkel macht

Fünf Kinder erzählen kurze Geschichten mit Situationen, in denen es für sie „dunkel" war (im Unterricht vorbereitet), z.B.

- Allein sein
- Traurig sein
- Angst haben
- Streit haben
- Krank sein.

Dazu werden dunkle Plakate mit den jeweiligen Begriffen (und ggf. einem Schwarz-Weiß-Foto oder einer Kinderzeichnung) gezeigt.

Alternative: Die Kinder, die erzählen, tragen dunkle Kleidung/Umhänge aus dunklen Tüchern.
Dazu bzw. unterbrechend dunkel klingende Instrumente anschlagen (z.B. Metallophon, Trommel, Klangholz ...).

Lied:

Text: Reinhard Bäcker
Musik: Detlev Jöcker

(aus: MC und Liedheft: „Licht auf meinem Weg", Rechte: Menschenkinder Verlag, 48157 Münster)

Ansprache: (unter Bezugnahme auf Jes 9,1):
„Das Volk, das im Finstern wandelt,
sieht ein großes Licht,
und über denen, die da wohnen
im finstern Lande, scheint es hell."
(s. Entwurf „Licht in der Dunkelheit")

Lied: „Ein Licht geht uns auf …", Strophen 1 u. 2 (s. Religionsunterricht praktisch 4, 2. Aufl., S. 88)

Während dieses Liedes trägt ein Kind eine große brennende Kerze in die Kirche/den Gottesdienstraum und stellt sie auf die Spitze des „Berges" (s.o.).

Rollenspiel: Teil 2

Wie „Licht" die Dunkelheit verwandelt

Fünf Kinder kommen nach vorn zu den Kindern „in der Dunkelheit" und machen Vorschläge, wie sie diesen Kindern helfen können (wie sie „Licht" in deren Leben tragen können), z.B.:

- Ich lade dich ein ...
- Ich möchte mit dir Schularbeiten machen ...
- Ich hole dich morgen früh ab ...

Bei jedem Votum überreicht das Helferkind dem „Schattenkind“ ein Teelicht. Das betreffende Kind, dem geholfen wurde, dreht sein Plakat um, die helle Seite mit dem Gegenbegriff wird sichtbar:

- Freunde haben
- getröstet werden
- verborgen sein
- sich vertragen
- gesund werden

Alternative: Kinder legen den dunklen Umhang ab, unter dem ein heller Umhang zum Vorschein kommt.

Die Partner (Helfer und der, der Hilfe erfahren hat) nehmen das Teelicht, entzünden es an der großen Kerze und stellen es auf dem Rand des Adventsweges ab.

Lied: „Ein Licht geht uns auf ...“, Strophen 3 u. 4 (s.o.)

Überleitung: Sch. werden aufgefordert, sich zu überlegen, wie sie selbst „Licht“ für andere Menschen sein/werden können.
P./L. läßt Beispiele nennen.

Aktion: Als Zeichen dafür, daß alle Kinder versuchen wollen, Licht für andere zu sein (anderen Freude zu schenken), gehen sie bankweise nach vorn. Sie durchlaufen den Adventsweg und entzünden an der großen Kerze ihr Teelicht, das sie sodann auf den Rand des Adventsweges stellen.

Lied: Während dieser „Prozession“ singen die übrigen Kinder (ggf. als Kanon) mehrmals: „Mache dich auf und werde Licht“ (s. Schwerter Liederbuch Nr. 118).

Ggf. können sich hier noch weitere „Licht-Lieder" anschließen (s. Anhang).

Zusammenfassung der Eindrücke

Fürbitten:

Komm, Herr, wir brauchen dich auf der dunklen Erde,
daß die Welt von deinem Licht immer heller werde.
Wir freuen uns, Herr, daß du zu uns kommst,
als Kind in der Krippe,
als Heiland der Armen,
als Bruder der Ausgestoßenen,
als Tröster der Betrübten,
als Freund der Kinder.
Komm, Herr, wir brauchen dich auf der dunklen Erde,
daß die Welt von deinem Licht immer heller werde.
Komm zu allen,
die Angst haben,
die Not leiden,
zu den Hungrigen,
zu denen, die krank sind,
zu denen, die trauern.
Komm, Herr, wir brauchen dich auf der dunklen Erde,
daß die Welt von deinem Licht immer heller werde.
Komm zu allen,
die keinen Freund haben,
zu allen, die ausgelacht werden,
zu allen, die einsam sind,
zu denen, die unter Krieg leiden
und sich Frieden wünschen.

(nach: Beratungsstelle für Gestaltung von Gottesdiensten, Hg., Liturgie im Kindergottesdienst [Materialheft Nr. 45] Frankfurt/M. 1985, S. 154)

Vaterunser

Lied: „Mir ist ein Licht aufgegangen" (s. Religionsunterricht praktisch 1, S. 39. – Weitere Strophen: M.G. Schneider, Sieben Leben möcht ich haben, S. 115)

Segen

Erinnerungsgeschenk: Faltkerze (s. Anlage), u.U. mit einem biblischen „Lichtvers" oder einem der „Lichtlieder" beschrieben.

Anlage

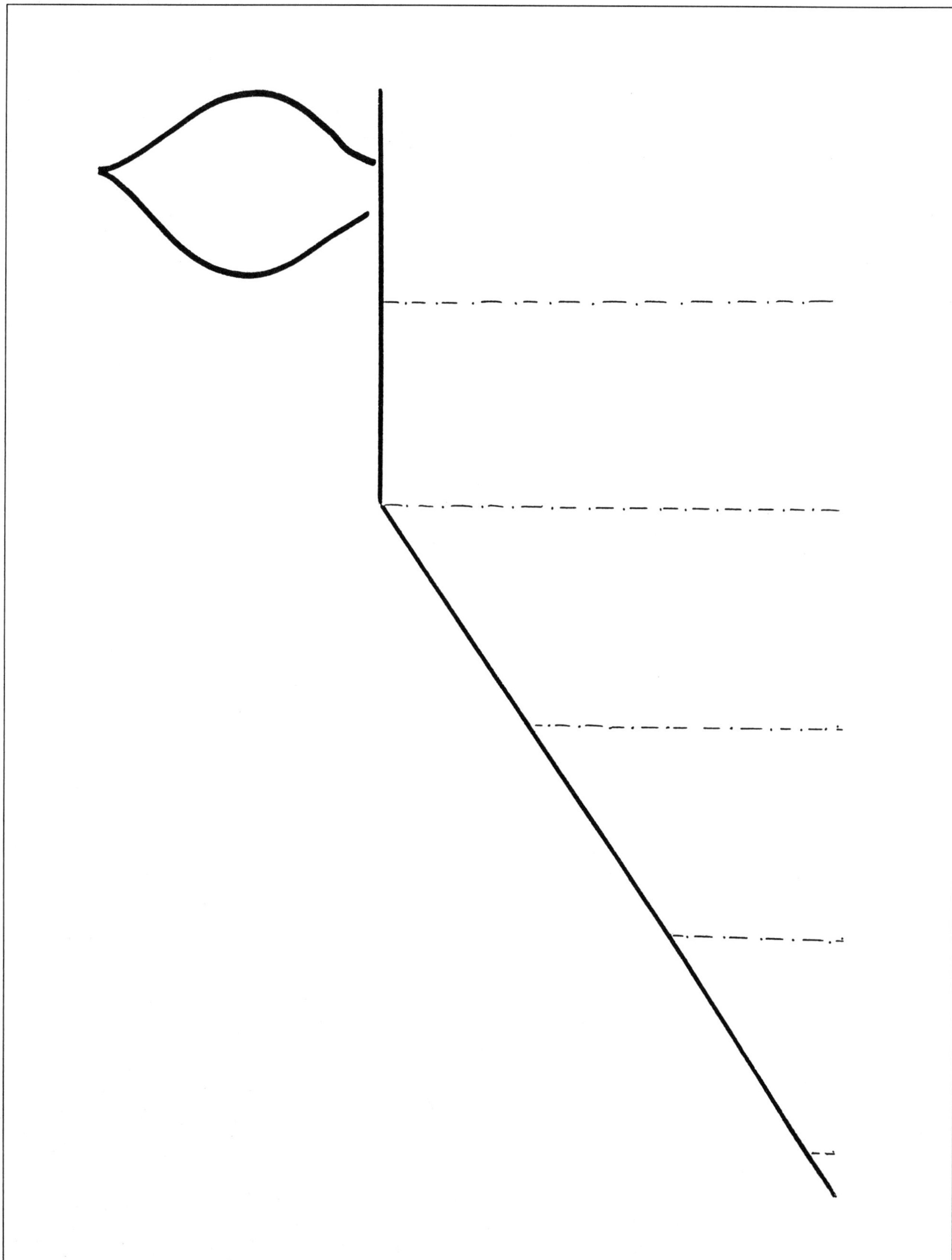

11 Tragt in die Häuser ein Licht

Kurzinhalt:
- Eingangsmusik
- Begrüßung
- Lied „Macht hoch die Tür"
- Gebet
- Lied „Gäbe es kein Licht"
- Imaginationsübung: Wenn es dunkel ist
- Situative Szenen 1 und 2, begleitet durch Lieder und Verkündigung
- Aktion(en): Die dunkle Silhouette eines Hauses mit Licht erfüllen
- Lied „Ein Licht geht uns auf"
- Deutung
- Gebet – Vaterunser
- Lied „Tragt in die Welt nun ein Licht"
- Segen

Thematisches Stichwort

s. Entwurf „Licht auf unserem Weg"

Biblischer Bezug

s. Entwurf „Licht auf unserem Weg"

Zentrale Idee

Alle oder (je nach Zahl) einzelne Sch. erhellen eine zuvor unbeleuchtete Stadtteil-Silhouette durch Kerzen, die sie hinter farbige Transparent-Fenster stellen.

Auf diese Weise wird der adventliche Gedanke anschaulich, daß „Licht in der Finsternis" (Jes 9,2) leuchtet und durch jeden von uns Christus bzw. das Licht des Advents hindurchscheinen will.

Bezug zum Unterricht

s. Modell Nr. 10

Technische Vorarbeiten

Häuserfront aus Pappkartons

Materialien: Große Pappkartonteile (z.B. von Fahrradkartons u.a.), dünner Fotokarton, Transparentpapier, Plakatfarben, Teppichmesser oder Cutter, breites Klebeband, dicker Filzstift, Teelichter

Anfertigung: Auf die Pappe wird mit einem dicken Stift die Häuserfront skizziert. Die Dachformen sollten denen des Wohngebietes entsprechen, z.B. Hochhäuser, Einfamilienhäuser oder eine Mischung aus beiden Formen (s. Zeichnung 1). Die Fenster werden mit Hilfe einer vorher angefertigten Schablone aufgebracht. Man kann sie aber auch aus freier Hand aufmalen. Dabei ist darauf zu achten, daß die Fenster nicht zu dicht und nicht genau untereinander liegen.

Die Dachfront und die Fenster werden mit einem Teppichmesser oder einem ähnlich scharfen Schneidewerkzeug ausgeschnitten. Auf der Rückseite der Häuserfront bringt man unter jedem Fenster eine querschnittprofilierte Galerie aus Tonkarton an (s. Zeichnung 2). Auf diese Galerien stellt man die im Gottesdienst angezündeten Teelichter. Alle Fenster werden mit verschiedenfarbigem Transparentpapier beklebt. Die Vorderfront wird mit Plakafarben bemalt. Es ist möglich, alle Flächen auszufüllen, es genügt aber auch, Dachformen, Fensterrahmen und Begrenzungslinien zu den anderen Häusern farbig nachzuziehen.

Zeichnung 1

Zeichnung 2

Verlauf

Eingangsmusik

Begrüßung

Lied: „Macht hoch die Tür“, Strophen 1 u. 5 (EKG 6 bzw. EG1)

Gebet: Formulierungshilfen enthalten z.B.
- M. Decker, Mit Kindern Gottesdienst feiern. Arbeitshilfe zur Liturgie im Kindergottesdienst, Nürnberg 1988, S. 131f, 210f
- D. Steinwede, Meinen Bogen setze ich in die Wolken, Schulgottesdienste für die Grundschule, Patmos/Kaufmann, Düsseldorf/Lahr 1988, S. 126–128
- W. Wessel, Hg., Mit Kindern den Glauben feiern. Familien-Gottesdienste aus der Franziskus-Gemeinde Dortmund-Scharnhorst, Herder, Freiburg/Basel/Wien 1981, S. 26ff

Überleitung: Licht haben wir im Überfluß. Wir knipsen den Schalter an – und schon brennt das Licht. Straßen und Schaufenster sind gerade jetzt in der Adventszeit hell erleuchtet (Vergleich zu früher).

Der Advent will uns eher auf die „kleinen Lichter“ hinweisen. Ja, manchmal kann es nützlich sein, sich vorzustellen, wie sich unser Leben *ohne* Licht verändern würde.

Lied:

Text: Rolf Krenzer
Musik: Detlev Jöcker

(aus: MC und Liedheft „Licht auf meinem Weg“, Rechte: Menschenkinder Verlag, 48157 Münster)

Imaginationsübung: Wenn es dunkel ist ...
Sch. werden gebeten, die Augen für ein paar Minuten zu schließen und das Dunkel der geschlossenen Augen auf sich wirken zu lassen.

L./P.: „Meine Augen sind ganz fest geschlossen. Dunkel ist es um mich her. Das Dunkel ist für mich ungewohnt. Wenn ich jetzt laufen müßte – mit geschlossenen Augen – das fiele mir schwer. Im Dunkeln kann ich keine Gegenstände und keine Personen sehen. Mir fehlt die Orientierung.

Ich sehe meinen Nachbarn nicht.
Ist er noch da? Ich sehe ihn nicht,
aber ich höre ihn.
Ich höre, daß ich nicht allein bin.

Im Dunkeln lenkt mich nichts ab.
Ich höre Geräusche viel intensiver.
Ich höre meinen Atem.
Ich höre das Klopfen meines Herzens.

In mir und um mich ist es dunkel.
Das Dunkel ist für mich ungewohnt.
Ich freue mich auf das Licht.
Ich öffne meine Augen und nehme es wahr."

Überleitung: P./L.: „Dunkel ist es nicht nur, wenn wir die Augen schließen.
Dunkel ist es nicht nur, wenn die Sonne untergegangen ist.
Dunkel kann es auch in uns sein
– wenn wir einsam sind,
– wenn wir traurig sind,
– wenn wir ...

Gaby, Stefan und Anna (Namen nach den Namen der Sprecher abändern) erzählen uns von drei Menschen, in deren Leben es auch manchmal dunkel ist.
Wir stellen uns vor, daß diese drei Leute vielleicht in diesem dunklen Haus (Hinweis auf die Adventskulisse) wohnen."

Situative Szenen (1):

Kind 1: „Ich bin Frau Meier. Ich wohne in einem Hochhaus zusammen mit vielen Menschen.
Aber eigentlich bin ich doch immer allein. Niemand besucht mich. Selten bekomme ich Post. Auch von meinen Kindern habe ich lange nichts gehört."

Kind 2: „Ich bin Frau Hansen. Neben mir wohnt Frau Bäcker. Vor ein paar Wochen hatten wir einen Streit. Seitdem grüßen wir uns nicht mehr und sprechen nicht mehr miteinander."

Kind 3: „Ich bin Herr Neumann. Meine Frau ist vor vielen Jahren gestorben. Durch den Kummer bin ich schwer herzkrank geworden. Ich muß regelmäßig Arznei einnehmen. Oft bin ich zu schwach, um sie mir selbst in der Apotheke zu holen. Manchmal bin ich ganz mutlos."

Lied:

Text: Reinhard Bäcker
Musik: Detlev Jöcker

(aus: MC und Liedheft: „Licht auf meinem Weg“, Rechte: Menschenkinder Verlag, 48157 Münster)

Verkündigung: – Skizze – (unter Bezug aus Jes 9,1 und mit Orff-Begleitung)

In dunklen Zeiten lebten auch die Menschen im Lande Israel vor vielen Jahrhunderten – lange bevor Jesus geboren wurde.	Dunkle Orff-Instrumente, zunächst ganz leise den Text untermalend, am Ende des 1. Abschnitts lauter werdend
Alle Hoffnung war aus ihrem Leben geschwunden, ganz dunkel und hoffnungslos war ihr Leben geworden. Noch lebten sie, doch es war ein Leben im Schatten des Todes. Die Leute in Israel dachten: Auch Gott hat uns vergessen; wir sind allein und verloren. In ihre dunklen Gedanken hinein macht ihnen ein Gottesmann, ein Prophet, Mut.	wie oben
	Leises helles Glockenspiel o.ä.
Der Prophet macht ihnen mit einer	

guten Botschaft Mut, mit einer Botschaft von Gott:	Trompete o.ä.
„Das Volk", sagt er, „das Volk, das durch die Dunkelheit zieht und ohne Hoffnung ist, sieht ein helles Licht. Über die Bewohner des Landes der Finsternis, über euch, leuchtet ein Licht auf!"	Trompete o.ä.
„Wie ein Licht", sagt der Prophet, „wird Gottes Hilfe unsere Dunkelheit hell und froh machen." Die Menschen im Lande Israel gaben dem Hoffnungslicht von Gott einen Namen: „Messias" nannten sie das Hoffnungslicht, das ihre Trauer in Freude, ihre Mutlosigkeit in Zuversicht verwandeln sollte. Vom Licht im Advent wissen wir, daß es Licht und Wärme spendet, das Dunkel verwandelt und Hoffnung gibt.	Leises helles Glockenspiel Xylophon-Melodie

Lied: „Mache dich auf und werde Licht" (s. Schwerter Liederbuch Nr. 118)

Überleitung: Das Licht des Advents scheint auch in die dunklen Räume von Frau Meier, Frau Hansen und Herrn Neumann.
Licht, das die Dunkelheit vertreibt, kann vieles sein. Oliver, Stefanie und Juliane (Namen nach Namen der Sprecher abändern) erzählen uns davon:

Situative Szenen (2):

Kind 1: „Ich bin Sabine. Ich wohne im selben Haus wie Frau Meier. Vor einer Woche backte ich mit meiner Mutter Weihnachtsplätzchen. Da meinte sie: ‚Wie wäre es, wenn du Frau Meier einen Teller mit Weihnachtsgebäck bringen würdest? Ich glaube, sie würde sich sehr freuen.' Frau Meier war wirklich ganz gerührt, als ich mit den Plätzchen an ihrer Tür stand."
Lied: „Mache dich auf ..."

Kind 1 *zündet ein Teelicht an und stellt es mit den Worten* „Für Frau Meier ist das Leben heller und fröhlicher geworden" *hinter eines der Fenster.*

Kind 2: „Ich bin Frau Hansen. Heute mittag begegnete mir im Treppenhaus Frau Bäcker. Sie sah so traurig aus. Ich ging einfach auf sie zu und lud sie für heute nachmittag zum Kaffee ein."
Lied: „Mache dich auf ..."

Kind 2 *zündet ein Teelicht an und stellt es mit den Worten* „Für Frau Bäcker ist das Leben heller und fröhlicher geworden" *hinter eines der Fenster.*

Kind 3: „Ich bin Christian. Neulich traf ich Herrn Neumann auf der Straße. Er war ganz blaß und atmete schwer. – ‚Kann ich Ihnen helfen?' fragte ich ihn. Ich begleitete ihn nach Hause. – Seitdem besuche ich ihn fast jeden Tag und hole für ihn regelmäßig seine Medikamente in der Apotheke."
Lied: „Mache dich auf ..."

Kind 3 *zündet ein Teelicht an und stellt es mit den Worten* „Für Herrn Neumann ist das Leben heller und fröhlicher geworden" *hinter eines der Fenster.*

Überleitung: L./P.: „In das dunkle Advents-Haus ist Licht eingezogen, Adventslicht, das die Dunkelheit von Frau Meier, Frau Hansen und Herrn Neumann ein wenig erhellt.
Auch ihr könntet in diesem Haus wohnen. Wir stellen es uns jedenfalls vor. – Auch für euch soll es hell werden im Advent."

Aktion 1: Drei Erwachsene formulieren in jeweils einem kurzen Satz, wodurch sie für die Kinder zu Lichtträgern werden wollen und stellen danach (wie oben) ein brennendes Teelicht in eines der Fenster (ggf. die einzelnen Beiträge durch „Mache dich auf ..." oder ein anderes musikalisches Element miteinander verbinden).

Erwachsener 1: „Als Mutter möchte ich Licht für mein(e) Kind(er) sein und mir auch dann Zeit nehmen, wenn ich nervös und abgespannt bin."
Erwachsener 2: „Als Großvater(mutter) möchte ich Licht für meine Enkelin/meinen Enkel sein und ihr/ihm Geschichten von früher erzählen."
Erwachsener 3: „Als Lehrer/in möchte ich Licht für meine Schüler/innen sein und sie trösten, wenn sie Kummer haben."

Überleitung: L./P. lädt (je nach Größe der Gottesdienstgemeinde) die Sch. oder ausgewählte Sch. ein, zu erkunden: Wo/für wen/wie kann ich Licht sein? In welche „Dunkelheit" will ich mein Licht stellen? Sch. entzünden ihre Teelichter und stellen sie gleichfalls in das Adventshaus.

Aktion 2: (Ausgewählte) Sch. stellen Teelichter auf die Galerien hinter den Fenstern. Die Aktion begleiten die anderen Sch. durch Singen des u.a. Licht-Liedes.

Lied: „Ein Licht geht uns auf ...“, Strophen 1 u. 2 (s. Religionsunterricht praktisch 4, 2. Aufl., S. 88)

Zusammenfassende Überlegungen:
L./P.: „Das vorher dunkle Haus ist nun erleuchtet. Ich sehe in warme, freundliche, gemütliche Fenster, aber auch in dunkle, kalte, abweisende. Menschen leben hinter diesen Fenstern – Große und Kleine, Greise und Kinder, Menschen im Dunkeln und Menschen im Licht, Menschen wie du und ich.

Das Licht in ein Fenstern erscheint mir wie ein Zeichen der Hoffnung und Erwartung. Jedes Licht möchte uns gleichsam als Vorbote und Vor-Schein auf die bevorstehende Geburt des Gotteskindes einstimmen.

Die Fenster leuchten nicht aus sich heraus. Sie leuchten nur deshalb, weil der Schein der Kerzen sie von hinten anstrahlt. Die leuchtenden Fenster sind wie Transparente. Das Bild des Transparentes lädt uns ein, selber Transparent zu werden und das Licht des kommenden Christus in unser Leben, auch in die dunklen Zonen, hineinscheinen zu lassen.

Das Licht des Advents lädt uns ein, für andere zum Transparent zu werden und Christus durch unser Leben hindurchscheinen zu lassen.

Dazu paßt gut eine Alltagsgeschichte:

Stefan ging mit seiner Mutter einkaufen. Auf dem Weg zum Markt kamen sie an einer Kirche vorbei. Stefan schaute an der Kirche hoch und sagte: „Die großen Fenster sind ziemlich schmutzig, sie sehen überhaupt nicht schön aus." Die Mutter sagte nichts. Sie ging mit Stefan in die Kirche. Hier waren die Fenster, die von außen ganz grau und schmutzig aussahen, plötzlich strahlend bunt und leuchteten in den hellsten Farben. Stefan staunte. Vorne über dem Altar war ein besonders schönes Fenster – mit vielen Heiligenfiguren. Durch eine Figur strahlte gerade die Sonne hindurch, so daß sie ganz hell war.

(in Anlehnung an: W. Hoffsümmer, Kurzgeschichten 2, Grünewald, Mainz 1987[5], S. 142)

Wir wünschen Euch, daß Ihr gerade jetzt im Advent kleine ‚Heilige' werdet, durch die die Sonne scheint."

Lied: „Ein Licht geht uns auf ...", Strophe 4 (s.o.)

Gebet: Gott, du kommst zu uns im Advent.
Du bringst Licht in unser Leben.
Mach unser Leben hell und warm.
Mit deinem Licht können wir die Dunkelheit besiegen.
Laß uns durch dich zum Licht für andere werden,
damit es auf dieser dunklen Erde heller und wärmer wird.
Scheine durch unser Leben hindurch wie durch ein Transparent.
Darum bitten wir dich durch Jesus Christus,
der das Licht der Welt ist.
Amen.

(Der Text verarbeitet Formulierungen aus: H. Laarmann, Mit Zeichen und Symbolen. Neue Familiengottesdienste, Herder, Freiburg/Basel/Wien 1985, S. 12)

Lied: „Tragt in die Welt nun ein Licht“ (z.B. in: Schwerter Liederbuch Nr. 112)

Segen

Erinnerungsgeschenk:
Möglichkeit a: Jeder Schüler/jede Schülerin erhält am Ausgang ein (farbiges) Teelicht, das er/sie an eine Person verschenken soll, der er/sie eine Freude machen (= Licht in deren Leben tragen) möchte.
Möglichkeit b: Faltkerze (statt Teelicht), s. Entwurf „Licht auf unserem Weg“

Hinweis auf weitere Lieder zum Thema „Licht“:

„Der Herr ist mein Licht“ (Psalm 27), in: Troubadour für Gott, Nr. 279

„Ein langer Weg, doch klein sind meine Schritte ...“, in: L. u. D. Jöcker, Licht auf meinem Weg. Lieder zur Kindergottesdienst-Gesamttagung 1986, S. 10

„Es werde, es werde hell auf der Erde ...“, in: P. Klever, Gottesdienste anders feiern, Kaufmann, Lahr 1992, S. 137

„Es werde Licht, das die Nacht durchbricht ...“, in: P. Klever, aaO., S. 137

„Gehet nicht auf in den Sorgen dieser Welt ...“, Str. 3 u. 8, in: Troubadour für Gott, Nr. 137

„Ich zünde eine Kerze an“, in: R. Krenzer/D. Jöcker, Weihnachten ist nicht mehr weit, S. 10

„In der Mitte der Nacht ...“, in: P. Klever, aaO., S. 149

„Licht auf meinem Weg ...“, in: L. u. D. Jöcker, aaO., S. 8

„Mir ist ein Licht aufgegangen, und das macht mein Leben hell“, in: Sieben Leben möcht ich haben, S. 115

„Sende dein Licht und deine Wahrheit ...“ (Kanon), in: D. Steinwede, Meinen Bogen setz ich in die Wolken, a.a.O., S. 121

„Steht auf, ihr lieben Kinderlein! Der Morgenstern mit hellem Schein ...“ (EKG 338/EG 442)

„Wenn die Dunkelheit zerbricht, geht durch alle Welt ein Raunen“, in: Rhein. Verband für Kindergottesdienst, Hg., Materialdienst: Weihnachten 4, Düsseldorf 1992, S. 141 (142)

„Wenn du uns leuchtest ...“, in: L. u. D. Jöcker, aaO., S. 12

„Wir tragen dein Licht ...“, in: Das Liederbuch zum Umhängen, Nr. 99

12 Gott schließt Türen auf – Schuster Martin begegnet dem Jesuskind –

Kurzinhalt:
- Begrüßung und Einführung
- Lied „Macht hoch die Tür ..."
- Szenisches Spiel „Martin, der Schuster"
- Lied „Nun ist die Zeit der kleinen Schritte"
- Deutendes Gespräch
- Kanon „Siehe, dein König kommt zu dir"
- Aktion: „Schlüssel" beschriften und austauschen
- Lied: „Du bist da, wo Menschen leben"
- Fürbitten – Vaterunser
- Segen

Thematisches Stichwort

Advent stimmt – als Zeit der Erwartung und Beginn des Kirchenjahres – auf das Fest der Menschwerdung Gottes ein. Diese Zeit der (Vor)Freude (→ Geburt Christi) und Besinnung (→ Wiederkunft/Gericht/Vollendung) steht unter sinnfälligen Zeichen, die mit dem Thema des Gottesdienstes „Gott schließt Türen auf" korrespondieren:

- „Machet die *Tore* weit und die *Türen* in der Welt hoch, daß der König der Ehre einziehe!" (Ps 24,7ff).
- „Siehe, ich stehe vor der *Tür* und klopfe an. Wenn jemand meine Stimme hören wird und die Tür auftut, zu dem werde ich hineingehen ..." (Offb 3,20).
- „Komm, o mein Heiland, Jesu Christ, meins *Herzens Tür* dir offen ist ..." (EKG 6,5 bzw. EG 1,5).
- „O Heiland, reiß die Himmel auf, herab, herab vom Himmel lauf; reiß ab vom Himmel *Tor und Tür*, reiß ab, wo *Schloß und Riegel* für" (EKG 5,1 bzw. EG 7,1; vgl. auch EKG 21,6 bzw. EG 27,6).

Tolstois Legende von Martin, dem Schuster und seinen merkwürdigen Gästen („Wo die Liebe ist, da ist Gott") verknüpft den eschatologischen Aspekt („Was ihr getan habt einem von diesen meinen geringsten Brüdern, das habt ihr mir getan ..." – Mt 25,31ff) mit dem adventlichen Motiv der Tür, die Gott aufschließt und die füreinander zu öffnen Menschen nicht nur im Advent eingeladen sind.

Eine chassidische Geschichte akzentuiert den o.g. Gedanken so:

> „Wo wohnt Gott?"
> Mit dieser Frage überraschte der Kozker einige gelehrte Männer, die bei ihm zu Gast waren.
> Sie lachten über ihn: „Wie redet Ihr! Ist doch die Welt seiner Herrlichkeit voll!" Er aber beantwortete die eigene Frage: „Gott wohnt, wo man ihn einläßt."

(M. Buber, Die Erzählungen der Chassidim, Manesse, Zürich 1949, S. 784f)

Zum Stichwort „Türen öffnen" vgl. auch: Religionsunterricht praktisch 3, Göttingen 1992, S. 6.

Biblischer Bezug

Gleichnis vom großen Weltgericht (Mt 25,31ff)
Vgl. auch:
Ps 24, 7ff („Machet die Tore weit ... „)
Joh 10,7.9 („Ich bin die Tür zu den Schafen ... Ich bin die Tür; wenn jemand durch mich hineingeht, wird er selig werden")
Offb 3,20 (s.o.)

Zentrale Idee

Die spielerische Auseinandersetzung mit Tolstois Legende um Schuster Martin stiftet Zugänge zum Advent: Wo Menschen einander Türen und Herzen öffnen, begegnen sie Gott/Christus, vollzieht sich Advent.
Die positiven „Schlüsselbotschaften", die die Kinder füreinander formulieren und aneinander weitergeben (s.u.), verknüpfen die Spielebene mit der eigenen Lebenswirklichkeit.

Bezug zum Unterricht

Die unterrichtliche Vorbereitung kann unterschiedlich ansetzen:

- Thema „Advent/Weihnachten" – vgl. die einschlägigen Entwürfe in Religionsunterricht praktisch 1–4; die stärkste motivische Nähe bieten: Band 3 („Weihnachten: ,... und wohnte unter uns'") und Band 2 („Unterwegs nach Bethlehem").
- Thema „Tür" – Schloß – (auf)schließen:
  - Erlebnisse mit/an Türen
  - Spiel: verschlossene/offene Türen
  - Adventskalender
  - Tür und Schlüssel in Märchen
  - Bilder von Türen/Schlüsseln (z.B. „Tür" und „Tor", steyl-bildarchiv B 132, München 1979 (8 Farbdias)
  - Türen als Fensterbilder o.ä. malen/entwerfen
  - Tür-/Schlüsselgeschichten (z.B. E. Domay, Hg., Vorlesebuch Symbole. Geschichten zu biblischen Bildwörtern für Kinder von 6–12 Jahren, Kaufmann/Patmos, Lahr/Düsseldorf 1989, S. 192ff, 198ff.
    H. Halbfas, Religionsbuch für das 2. Schuljahr, Patmos/Benziger, Düsseldorf/Zürich/Köln 1984, S. 5
- „Schuster Martin"
  Inhalt: Persönliche Schicksalsschläge (Tod seiner Frau und seines Kindes) haben den alten Schuster Martin in tiefe Zweifel an Gottes Güte gestürzt. Doch beim Lesen in der Bibel lernt er Jesus kennen. Eine Stimme verheißt ihm für den nächsten Tag eine persönliche Begegnung mit Jesus. Liebevoll kümmert sich Martin um notleidende Passanten, ohne in ihnen (zunächst) Jesus zu erkennen.

  Sachvermittlung:
  a) für Jüngere: M. Kasuya/P. Bloch, Martin, der Schuster (nach einer Legende von L. Tolstoi), Wittig, Hamburg 1980[10]
  oder

B. Hanhart, Schuster Martin. Nach einer Legende von Leo Tolstoi, mit Bildern von Bernadette, Nord-Süd Verlag, Gossau/Zürich/Hamburg 1986

b) für Ältere: Vater Martin. Tonbild, (36 Farbdias, Kassette 14'), CEPA/ Bibellesebund, Chavannes-de-Bogis/ Marienheide o.J.

„Schlüssel“ (Karton) für Aktion in Zahl der beteiligten Sch. (mit Namen versehen): s.u.

Inszenierung des szenischen Spieles:

Personen: Erzähler – Stimme – Stephan – Frau mit Kind – Marktfrau – Junge

Je nach örtlichen Möglichkeiten kann das Spiel auch als Klanggeschichte (Orff-Instrumente) angelegt werden: s. Anlage

Technische Vorarbeiten

Requisiten: Werkzeuge für Schusterwerkstatt
Werkstatt durch Kirchentags-Kartons o.ä. andeuten
Lampe
Bibel
Schaufel
2 Tassen und Teekanne
Topf (für Suppe), Kelle, Teller, Löffel
alte Jacke
Korb, Äpfel

Schlüssel (Karton) für „Schlüsselwörter“

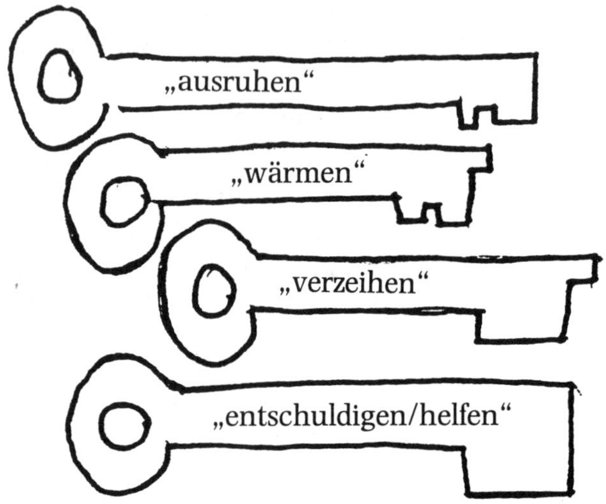

Vorbereitung der „Namensschlüssel“ für die Aktion im Gottesdienst (s.u.): In der Klasse „Schlüssel“ mit Namen der Mitschüler verteilen. Jeder schreibt auf den gezogenen Schlüssel eine kleine Aufmerksamkeit, die er dem anderen machen möchte, z.B.
„Ich lade dich zum Spielen ein“
„Ich gehe mit dir nach Hause“
„Ich teile mit dir das Frühstück/ein Stückchen Kuchen ...“

„Ich spiele mit dir in der Pause"
„Ich spiele mit dir eines der Mathe-Würfelspiele"
„Wir begucken gemeinsam unsere Stickeralben"
Dann unterschreibt jeder mit seinem Namen.
Im Gottesdienst bekommt jeder seinen „Namensschlüssel".

Alternative:
Vorbereitung von Schlüsseln für die „Schlüsselbotschaften" (s. S. 150f) – Stifte

Verlauf

Vorspiel

Begrüßung: (mit Schlüssel) – Stichworte: kleine Schlüssel (z.B. Tagebuch) große Schlüssel (z.B. zu Kirchen, Burgen, Schlössern, Stadttoren)

Erlebnisse mit Schlüsseln und Türen („Schlüsselgeschichten" und „Schlüsselerlebnisse") – Funktion von Schlüsseln

Schlüssel müssen nicht aus Metall sein: Liebe = Schlüssel – Eltern/LehrerInnen = Schlüssel zum Leben und zur Welt – Freunde – Musik – Blüte ...

Türen des Adventskalenders – Türen des Herzens

Lied: „Macht hoch die Tür ...", Strophen 1–3 (EKG 6 bzw. EG 1)

Szenisches Spiel:

Martin, der Schuster

Personen: Erzähler, Stimme, Stephan, Frau mit Kind, Marktfrau, Junge

Erzähler: Es war einmal ein armer Schuster, der hieß Martin und lebte in einem Keller.
(Martin arbeitet an seinem Schustertisch – hämmert, schneidet Leder zu ...)

Erzähler: Durch das kleine Kellerfenster konnte er die Menschen sehen, die draußen auf der Straße vorübergingen.
(Martin reckt sich, schaut aus dem Fenster, winkt Leuten zu)

Erzähler: Zwar sah er nur ihre Füße, doch erkannte er jeden an seinen Schuhen. Fast alle diese Schuhe hatte er schon einmal in seinen Händen gehabt. Schon seit vielen Jahren arbeitete Martin in dem Keller, der ihm zugleich Werkstatt und Wohnung war. Von morgens bis abends schnitt er Leder zurecht, nagelte neue Sohlen auf die Schuhe oder nähte einen Flicken auf eine geplatzte Naht. Die Leute kamen gern zu Martin, denn er machte seine Arbeit gut und verlangte nicht zu viel Geld dafür.
(Martin legt das Werkzeug zur Seite und zündet Lampe an)

Erzähler: Wenn der Abend kam und es draußen dunkel wurde, zündete Martin die Lampe an und las in seinem Lieblingsbuch.
(Martin nimmt Buch aus dem Regal, setzt Brille auf, liest interessiert in der Bibel)

Erzähler: Es war die Bibel mit den vielen Geschichten von Jesus. Den ganzen Tag freute er sich auf dieses Buch. Er konnte den Abend kaum erwarten.
(Martin löscht Licht)

Erzähler: Eines Tages hörte Martin, wie jemand seinen Namen rief.

Stimme: „Martin! Martin!"

Erzähler: Er blickte sich um. Aber niemand war in seiner Werkstatt. Doch gleich darauf hörte er die Stimme wieder:

Stimme: „Martin! Schau morgen hinaus auf die Straße. Ich will zu dir kommen."

Erzähler: Martin dachte, er habe geträumt. Doch wer hatte zu ihm gesprochen? *(Martin macht fragende Bewegung)*

Erzähler: Am nächsten Morgen sah Martin vor seinem Fenster ein Paar alte, geflickte Soldatenstiefel vorbeischlurfen. Sie gehörten dem alten Stephan.
(Stephan schaufelt Schnee, bleibt gelegentlich stehen, wischt sich Schweiß ab ...)

Erzähler: Er schaufelte gerade den Schnee von der Straße. Die Arbeit strengte ihn sehr an. Er mußte immer wieder stehenbleiben, um sich auszuruhen. Martin hatte Mitleid mit dem alten Mann und rief ihn zu sich herein:

Martin: „Komm, Stephan! Ruh dich in meiner Stube aus!"
(Stephan stellt Schaufel ab, betritt Martins Werkstatt)

Erzähler: Dankbar nahm Stephan die Einladung an. Er getraute sich

kaum, mit dem Schnee an den Stiefeln die Stube zu betreten. Doch Martin redete ihm freundlich zu:

Martin: „Setz dich zu mir an den Tisch, Stephan! Ich will dir ein Glas Tee einschenken. Der warme Tee wird dir guttun."
(Martin schenkt Tee ein – die beiden unterhalten sich pantomimisch)

Stephan: „Danke, Martin, daß ich mich *ausruhen* durfte. Du hast mir deine Tür und dein Herz geöffnet!"

Erzähler: Als Stephan gegangen war, schaute Martin bei der Arbeit wieder aus dem Fenster. Da sah er eine junge Mutter mit einem kleinen Kind auf dem Arm.
(Mutter mit Kind geht vor Martins Fenster vorbei)

Erzähler: Die Frau fror in ihrem dünnen Kleid. Sie versuchte, ihr Kind vor dem kalten Wind zu schützen.
(Mutter wärmt Kind)

Martin: „Komm herein, Frau! Hier drinnen kannst du dich und dein Kind aufwärmen!"

Erzähler: Martin nahm die Suppe vom Herd, die er für sich selbst gekocht hatte und gab sie der Frau.

Martin: *(mit einladender Geste)*
„Hier, iß etwas, du bist gewiß sehr hungrig!"

Erzähler: Während die Mutter die Suppe aß, nahm Martin das Kind auf seinen Schoß und versuchte, es durch allerlei Späße zum Lachen zu bringen. Dann gab er es der Mutter zurück.

Martin: „Halt! Bevor ihr geht, will ich dir noch etwas mitgeben."
(Martin holt seine alte Jacke und schenkt sie der Frau)

Frau: „Danke, Martin, daß wir uns *wärmen* durften. Du hast uns deine Tür und dein Herz geöffnet!"

Erzähler: Kaum war die Mutter mit dem Kind gegangen, hörte Martin ein Geschrei vor seinem Fenster. Eine Marktfrau schlug auf einen kleinen Jungen ein, der einen Apfel aus ihrem Korb gestohlen hatte.

Marktfrau mit Apfelkorb *(wütend, zerrt Jungen an Haaren)*:
„Warte nur, du Dieb! Ich bring dich zur Polizei."

Erzähler: Sofort rannte Martin auf die Straße hinaus.
(Martin rennt raus)

Martin: „Laß ihn doch laufen. Er wird es bestimmt nicht wiedertun. Den Apfel will ich dir bezahlen."

Erzähler: Da beruhigte sich die Frau, und der Junge mußte sich bei ihr entschuldigen, weil er den Apfel gestohlen hatte.
(Junge entschuldigt sich)

Marktfrau: „Schon gut, ich verzeihe dir." Zu Martin gewandt: „Danke, Martin, du hast mich *verzeihen* gelehrt. Du hast mir deine Tür und dein Herz geöffnet."
(Junge lächelt dankbar, hilft der Marktfrau, den schweren Apfelkorb zu tragen)

Junge: „Danke, Martin, du hast mich *entschuldigen* und *helfen* gelehrt. Du hast mir deine Türe und dein Herz geöffnet."

Erzähler: Am Abend las Martin wieder in seinem Lieblingsbuch, in der Bibel. Da hörte er die leise Stimme an seinem Ohr:

Stimme: „Martin, ich bin bei dir gewesen. Hast du mich erkannt?“
Martin: „Wann? Wo?“
Stimme: „Schau dich einmal um!“

(Stephan, Mutter und Kind, Junge, Marktfrau, stellen sich im Halbkreis seitlich von Martin auf.
Personen halten „Schlüssel“ (Karton) in der Hand mit den jeweiligen Schlüsselwörtern:
– „ausruhen“
– „wärmen“
– „verzeihen“
– „entschuldigen/helfen“.)

Erzähler: Da sah Martin plötzlich den alten Stephan im Licht der Lampe stehen und daneben die junge Mutter mit ihrem Kind. Auch den Jungen mit dem Apfel und die Marktfrau mit dem Korb am Arm sah er.
Stimme: „Erkennst du mich jetzt?“
(Personen treten ab)
Erzähler: Dann waren alle auf einmal verschwunden. Da freute sich Martin. Er schlug wieder seine Bibel auf und las *(schlägt Bibel auf)*, was Jesus gesagt hatte:
„Alles, was ihr den Armen getan habt,
den Schwachen, den Hungernden, den Frierenden.
Alles, was ihr diesen Armen getan habt,
das habt ihr *mir* getan!“

H.F.

(Frei nacherzählt nach: L. Tolstoi, Wo die Liebe ist, da ist Gott, in: M. Verlohr, Hg., Russische Weihnachtserzählungen, Gütersloher Taschenbücher/Siebenstern, Bd. 1553, Gütersloher Verlagshaus Gerd Mohn, Gütersloh 1990, S. 64–78)

Lied:

Text: Werner Schaube
Musik: Ludger Edelkötter

(aus: Bald schon ist Weihnachten, (IMP 1044), Rechte: Impulse Musikverlag, 48317 Drensteinfurt)

oder:
„Komm, o mein Heiland …" (EKG 6,5 bzw. EG 1,5)

Deutendes Gespräch:

– Verschlossene und offene Türen in der Erzählung
– Verbindung zwischen den Jesus-Worten und den Besuchern Martins („Schau morgen hinaus auf die Straße. Ich will zu dir kommen" – „alles, was ihr den Armen getan habt …").
– Advent: Gott öffnet seine Tür zu den Menschen – Menschen öffnen Türen im Umgang miteinander

Kanon:

Text und Melodie: Hadwig Michaelis

(c) Strube Verlag, München/Berlin

Aktion: L. verteilt die zuvor im Unterricht beschrifteten „Schlüssel", so daß jedes Kind seinen „Namensschlüssel" in Händen hat, liest, trifft Verabredungen über die Einlösung der Aufmerksamkeit etc.

Alternative:
Jedes Kind (klassenweise) zieht sich einen Schlüssel mit dem Namen eines Mitschülers. Es notiert darauf eine positive Botschaft über den Mitschüler/die Mitschülerin, z.B.

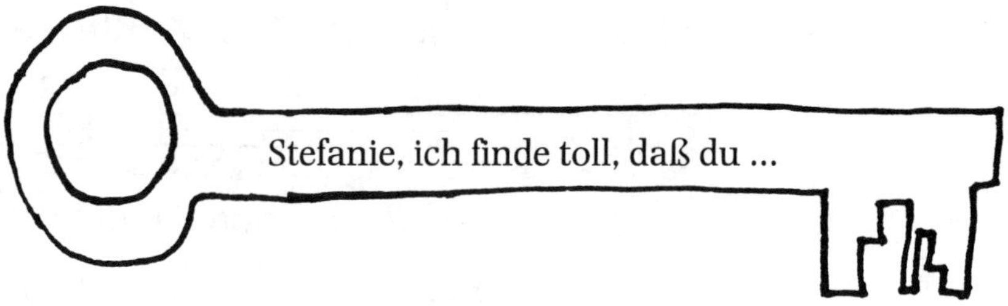

Austausch der „Schlüssel"

Lied: „Du bist da, wo Menschen leben" (s. Schwerter Liederbuch Nr. 160)
Weitere Strophen: s. Das Liederbuch zum Umhängen, Nr. 13

Fürbitten

Vaterunser

Segen

Weitere Lieder mit den Motiven „Schlüssel" und „Tür":

„O Heiland, reiß die Himmel auf ..." (EKG 5 bzw. EG 7)

„Lobt Gott, ihr Christen alle gleich ..." (EKG 21 bzw. EG 27)

„Jesus wohnt in unserer Straße ...", in: Schwerter Liederbuch, S. 211f

„Macht die Türen auf", in: D. Jöcker/W. Longardt, Kommt, wir feiern Weihnachten. Begleitheft, S. 10.78, Menschenkinder Musikverlag, Münster o.J.

Anlage

Vorschlag für eine Verklanglichung des Textes

Es war einmal ein armer Schuster, der hieß Martin und lebte in einem Keller. Durch das kleine Kellerfenster konnte er die Menschen sehen, die draußen auf der Straße vorübergingen. Zwar sah er nur ihre Füße, doch erkannte er jeden an seinen Schuhen. Fast alle diese Schuhe hatte er schon ein- oder zweimal in seinen Händen gehabt.	Tamburinschläge, die Schritte darstellen sollen
Schon seit vielen Jahren arbeitete Martin in dem Keller, der ihm zugleich Werkstatt und Wohnung war. Von morgens bis abends schnitt er Leder zurecht, nagelte neue Sohlen auf die Schuhe oder nähte einen Flicken auf eine geplatzte Naht. Die Leute kamen gern zu Martin, denn er machte seine Arbeit gut und verlangte nicht zu viel Geld dafür.	Holzblocktrommel (Einschlagen der Nägel) Streichen auf Tamburin und Holzblocktrommel (Schusterarbeit)
Wenn der Abend kam und es draußen dunkel wurde, zündete Martin die Lampe an und las in seinem Lieblingsbuch. Es war die Bibel mit den vielen Geschichten von Jesus. Den ganzen Tag freute er sich auf dieses Buch. Er konnte den Abend kaum erwarten.	Zartes Auf- und Abstreichen auf dem Xylophon
Eines Tages hörte Martin, wie jemand seinen Namen rief. „Martin", klang es plötzlich ganz leise an seinem Ohr. Er blickte sich um. Aber niemand war in seiner Werkstatt. Doch gleich darauf hörte er die Stimme wieder: „Martin! Schau morgen hinaus auf die Straße. Ich will zu dir kommen." – Martin dachte, er habe geträumt. War es Jesus, der aus der Stille zu ihm sprach?	Mehrere Triangeln, Glöckchen
Am nächsten Morgen sah Martin vor seinem Fenster ein Paar alte geflickte Soldatenstiefel und bald erkannte er auch den Mann, der sie anhatte. Es war der alte Stephan. Er schaufelte gerade den Schnee von der Straße. Die Arbeit strengte ihn sehr an. Er mußte immer wieder stehenbleiben, um sich auszuruhen. Martin hatte Mitleid mit dem alten Mann und rief ihn zu sich herein: „Komm, Stephan! Wärme dich in meiner Stube!"	Tamburin (Schritte) Zimbeln oder Becken gegeneinander streichen (Schaufeln)
Dankbar nahm Stephan die Einladung an. Er getraute sich kaum, mit dem Schnee an den Stiefeln die Stube zu betreten. Doch Martin redete ihm freundlich zu: „Setz dich zu mir an den Tisch, Stephan! Ich will dir ein Glas Tee einschenken. Der warme Tee wird dir guttun."	Tamburin

Als Stephan gegangen war, schaute Martin bei der Arbeit wieder aus dem Fenster. Da sah er eine junge Mutter mit einem kleinen Kind auf den Armen. Die Frau fror in ihrem dünnen Kleid. Sie versuchte, ihr Kind vor dem kalten Wind zu schützen. „Komm herein, Frau!" rief ihr Martin zu. „Hier drinnen kannst du dein Kind besser wickeln."

Triangeln, Glöckchen

Martin nahm die Suppe vom Herd, die er für sich selber gekocht hatte, und gab sie der Frau. „Hier, iß etwas!", sagte er, denn er sah der Frau an, daß sie Hunger hatte. Während die Mutter die Suppe aß, nahm Martin das Kind auf seinen Schoß und versuchte, es durch allerlei Späße zum Lachen zu bringen. Dann gab er es der Mutter zurück. „Halt! Bevor ihr geht, will ich dir noch etwas mitgeben, worin du dein Kind einwickeln kannst." – Martin holte seine alte Jacke und schenkte sie der Frau.

Holzblocktrommel, Klanghölzer leise schlagen

Kaum war die Mutter mit dem Kind gegangen, da hörte Martin ein Geschrei vor seinem Fenster. Eine Marktfrau schlug auf einen kleinen Jungen ein, der einen Apfel aus ihrem Korb gestohlen hatte. „Warte nur, du Dieb! Ich bringe dich zur Polizei!", schrie sie wütend und zerrte den Jungen an den Haaren.

Zimbeln bzw. Becken, Klanghölzer und Holzblocktrommel durcheinander erklingen lassen (Lärm)

Sofort rannte Martin auf die Straße hinaus. „Laß ihn doch laufen", sagte er zu der Frau. „Er wird es bestimmt nicht wieder tun. Den Apfel will ich dir bezahlen." Da beruhigte sich die Frau und der Junge mußte sich bei ihr entschuldigen, weil er den Apfel gestohlen hatte. – „Schon gut", sagte die Marktfrau und ging weiter.
Der Junge aber half ihr freiwillig, den schweren Apfelkorb zu tragen.

Xylophon auf- und abstreichen

Am Abend las Martin wieder in seinem Lieblingsbuch, in der Bibel. Da hörte er die leise Stimme an seinem Ohr: „Ich bin bei dir gewesen, Martin. Hast du mich erkannt?" „Wann? Wo?" fragte Martin erstaunt. „Schau dich einmal um!", sagte die Stimme.

Triangel

Da sah Martin plötzlich den alten Stephan im Licht der Lampe und daneben die junge Mutter mit ihrem Kind stehen. Auch den Jungen mit dem Apfel und die Marktfrau mit dem Korb am Arm sah er.

Alle Instrumente hintereinander anschlagen

(A. St.)

(Text aus: M. Kasuya/P. Bloch, Martin der Schuster [nach einer Legende von Leo Tolstoi], Wittig, Hamburg 1980[10])

Anhang

1. Lieder in den Modellen

2. Stichwortregister zu den Modellen

Das Stichwortverzeichnis will zum einen Schlüssel zu Themen des Lehrplans sowie des Schul- und Kirchenjahres sein. Es will zum andern auf weitere Aspekte und Verknüpfungen aufmerksam machen, aus denen sich Bausteine für eigene Gottesdienstabläufe zusammenstellen lassen.

3. Abkürzungsverzeichnis

1. Allgemeine Abkürzungen und Abkürzungen biblischer Bücher

a.a.O.	am angegebenen Ort
Apg	Apostelgeschichte
AT	Altes Testament
Aufl.	Auflage
Bd.	Band
bzw.	beziehungsweise
BDKJ	Bund der kath. Jugend
ca.	circa
cf	confer
ebd.	ebenda
EG	Evangelisches Gesangbuch
EKG	Evangelisches Kirchengesangbuch
etc.	etcetera
ev.	evangelisch
Ex	Exodus (2. Buch Mose)
f/ff	folgende Seite(n), Vers(e), Jahr(e)
Gen	Genesis (1. Buch Mose)
ggf.	gegebenenfalls
Hg.	Herausgeber
Hi	Hiob
i.A.	in Auszug
Jes	Jesaja
Jer	Jeremia
Joh	Johannes
1.Joh	1. Johannes-Brief
kath.	katholisch
1.Kor	1. Korintherbrief
L.	Lehrerin/Lehrer
Lev	Levitikus (3. Buch Mose)
Mk	Markus
Mt	Matthäus
NRW	Nordrhein-Westfalen
NT	Neues Testament
Num	Numeri (4. Buch Mose)
o.a.	oben angegeben
o.ä.	oder ähnlich(es)
Offb	Offenbarung
o.g.	oben genannt
o.J.	ohne Jahr(esangabe)
o.O.	ohne Ort(sangabe)
P.	Pfarrerin/Pfarrer/Priester
parr.	Parallelstellen
1.Petr	1. Petrusbrief
Ps	Psalm
PTI	Pädagogisch-Theologisches Institut
Röm	Römerbrief
RU	Religionsunterricht
s.	siehe
S.	Seite
2Sam	2. Samuel
Spr	Sprüche Salomos
Sch.	Schülerin/Schüler
s.o.	siehe oben
St.	Stück
Str.	Strophe(n)
s.u.	siehe unten
TP	Tageslichtprojektor
u.a.	und andere, unter anderem
u.ä.	und ähnliche(s)
u.ö.	und öfter
u.U.	unter Umständen
V.	Vers
v.Chr.	vor Christus
vgl.	vergleiche
z.B.	zum Beispiel
zit.	zitiert

2. Literatur und Quellen, auf die häufiger verwiesen wird

Kurzschreibweise	Langfassung
Das Liederbuch zum Umhängen	D. Jöcker u.a., Das Liederbuch zum Umhängen. 100 der schönsten religiösen Kinderlieder, Menschenkinder, Münster 1991[3]
Mein Kanonbuch	Deutscher Katecheten-Verein, Hg., Mein Kanonbuch, tvd, Düsseldorf 1992[3]

Mein Liederbuch für heute und morgen	Arbeitskreis für kulturelle Bildung u.a., Hg., Mein Liederbuch für heute und morgen. Notenausgabe, tvd, Düsseldorf 1991[7]
Mein Liederbuch 2	Mein Liederbuch 2: Ökumene heute, Notenausgabe, tvd, Düsseldorf 1992
Menschens Kinder Lieder	Menschenskinderlieder. Ein Liederbuch zu den Kinderkirchentagen 1987 und darüber hinaus, Beratungsstelle für Gestaltung von Gottesdiensten, Frankfurt 1992[13]
Religionsunterricht praktisch 1	H. Freudenberg, Hg., Religionsunterricht praktisch – Unterrichtsentwürfe und Arbeitshilfen für die Grundschule. 1. Schuljahr, Vandenhoeck & Ruprecht, Göttingen 1994[4]
Religionsunterricht praktisch 2	H. Freudenberg, Hg., Religionsunterricht praktisch – Unterrichtsentwürfe und Arbeitshilfen für die Grundschule. 2. Schuljahr, Vandenhoeck & Ruprecht, Göttingen 1994[4]
Religionsunterricht praktisch 3	H. Freudenberg, Hg., Religionsunterricht praktisch – Unterrichtsentwürfe und Arbeitshilfen für die Grundschule. 3. Schuljahr, Vandenhoeck & Ruprecht, Göttingen 1994[3]
Religionsunterricht praktisch 4	H. Freudenberg, Hg., Religionsunterricht praktisch – Unterrichtsentwürfe und Arbeitshilfen für die Grundschule. 4. Schuljahr, Vandenhoeck & Ruprecht, Göttingen 1994[4]
Sagt Gott, wie wunderbar er ist	J. Koerver u.a., Hg., Sagt Gott, wie wunderbar er ist. Alte und neue Psalmen zum Sprechen und Singen, Junge Gemeinde, Stuttgart 1990
Schwerter Liederbuch	E. Bihler u.a., Hg., Singt dem Herrn. Schwerter Liederbuch, Verlag BDKJ, Paderborn 1990[2]
Sieben Leben möcht ich haben	M.G. Schneider, Sieben Leben möcht ich haben. Neue Lieder für Schule, Gemeinde und Familie, Christophorus/Kaufmann, Freiburg/Lahr 1986[4]
Troubadour für Gott	Kolping-Bildungswerk, Hg., Troubadour für Gott, Echter, Würzburg 1991[2]
G. Watkinson, Hg., 9 x 11 neue Kinderlieder zur Bibel	G. Watkinson, Hg., 9 x 11 neue Kinderlieder zur Bibel. Lieder für Schule, Gottesdienst und Familie, Kaufmann/Christophorus, Lahr/Freiburg 1974
G. Watkinson, Hg., 111 Kinderlieder zur Bibel Wenn du singst, sing nicht allein	G. Watkinson, Hg., 111 Kinderlieder zur Bibel. Neue Lieder für Schule, Kirche und Haus, Christophorus/Kaufmann, Freiburg/Lahr 1973[6]
Wenn du singst, sing nicht allein	H.-J. Frisch, Hg., Wenn du singst, sing nicht allein. 250 Lieder für Familie, Gemeinde und Schule, Patmos, Düsseldorf 1990

4. Ausblick auf Band 2

Entwürfe/Modelle:

1. Ein Kreuz wird zum Lebensbaum (Passion – Ostern)
2. Der gute Hirte (Ps 23 – Joh 10)
3. Miteinander verwoben sein (Gemeinde - Gemeinschaft - Paulus)
4. Gottes Hände halten mich
5. Wie ein Mobile – Gehalten und verbunden sein (Gemeinschaft – Gemeinde)
6. „Schwester Lerche“ und „Bruder Spatz“ – Eine Predigt für Vögel –
7. Ninive soll leben (Jona)
8. Kirche: Ein Haus aus vielen bunten Steinen
9. Regenbogen – Hoffnungszeichen (Noah – Schöpfung)
10. Am Brunnen des Lebens (Joh 4)
11. Eine Brücke laßt uns bauen (Turmbau zu Babel – Versöhnung – Martin Luther – Reformation – Kirche)
12. Unter Gottes weitem Schirm (Schulentlassung)
13. Sei mit uns auf unseren Wegen (Schulentlassung)